本书出版得到湖南省教育厅重点项目（18A030）——"全面二孩"背景下城市家庭友好福利模式及优化路径研究：基于生育"成本—收益"理论；"认知与人类行为"湖南省重点实验室开放课题（CBL201804）——多重匹配视角下的工作—家庭冲突消极影响的缓解路径；湖南省妇女研究会一般项目（19YB12）——生育"成本—收益"对女性幸福感的影响机制及政策创新研究；心理学湖南省国内一流培育学科经费支持

双职工工作—家庭关系
对家庭生活质量的影响研究

郭昫澄　著

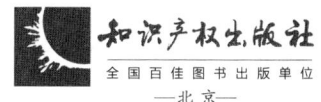

知识产权出版社
全国百佳图书出版单位
—北京—

图书在版编目（CIP）数据

双职工工作—家庭关系对家庭生活质量的影响研究 / 郭昫澄著. —北京：知识产权出版社，2020.12

ISBN 978-7-5130-6036-3

Ⅰ.①双… Ⅱ.①郭… Ⅲ.①家庭关系—影响—家庭生活—质量—研究—中国 Ⅳ.①D669.1

中国版本图书馆 CIP 数据核字（2020）第 254991 号

内容提要

本书探讨了中国文化背景下双职工家庭工作—家庭关系的特征对家庭生活质量的影响。本书从个人，夫妻，亲子三个视角出发，综合运用访谈法，问卷调查法，建立模型分析了工作—家庭冲突（增益）对婚姻满意度、工作满意度及亲子关系的影响。本书的研究结论对于推进理解当代中国双职工家庭的工作—家庭关系的影响机制，完善家庭友好政策具有理论和实践意义。

本书适合工作—家庭关系的研究者、管理实践者及人力资源管理和社会政策的学习从业人员使用。

责任编辑：刘晓庆　　　　　责任印制：孙婷婷

双职工工作—家庭关系对家庭生活质量的影响研究

SHUANGZHIGONG GONGZUO—JIATING GUANXI
DUI JIATING SHENGHUO ZHILIANG DE YINGXIANG YANJIU

郭昫澄　著

出版发行	知识产权出版社有限责任公司	网　址	http://www.ipph.cn	
电　话	010–82004826		http://www.laichushu.com	
社　址	北京市海淀区气象路 50 号院	邮　编	100081	
责编电话	010–82000860 转 8363	责编邮箱	laichushu@cnipr.com	
发行电话	010–82000860 转 8101	发行传真	010–82000893	
印　刷	北京中献拓方科技发展有限公司	经　销	各大网上书店、新华书店及相关专业书店	
开　本	787mm×1092mm　1/16	印　张	13.25	
版　次	2020 年 12 月第 1 版	印　次	2020 年 12 月第 1 次印刷	
字　数	200 千字	定　价	78.00 元	

ISBN 978-7-5130-6036-3

出版权专有　侵权必究
如有印装质量问题，本社负责调换。

写在前面的话

工作和家庭是现代人主要的生活领域,每个人既从工作和家庭中得到幸福的滋养,同样也面临着承担责任的艰辛。可以说,平衡工作和家庭的角色关系是个人、家庭和组织的福祉。当代对于工作—家庭之间关系的研究,不仅着眼于宏观社会家庭政策的完善及企业人力资源管理水平的提升,而且关注微观提升个人和家庭的生活质量。本书立足于当代中国现实国情,以双职工家庭作为关注对象,从中国文化下对工作和家庭角色承担的社会规范出发,深入探讨了双职工工作和家庭关系对个人和家庭生活质量的影响机制和提升策略。本书既包含理论探索,也包含实证调研和统计分析;既包括个体层面的研究视角,也囊括了家庭夫妻亲子互动的视角。

本书适合工作—家庭关系的研究者、人力资源管理者及双职工家庭人员阅读。

目 录

第 1 章 研究背景 1

第 2 章 文献综述 4
 2.1 工作—家庭界面研究 4
 2.2 工作—家庭影响机制 15
 2.3 社会文化因素对工作—家庭关系的影响 29
 2.4 个人特质对工作—家庭关系的影响 39
 2.5 文献综述小结 44

第 3 章 问题提出及研究框架 46
 3.1 问题提出 46
 3.2 总体研究思路和设计框架 50

第 4 章 预研究：企业员工工作—家庭界面特点访谈研究 53
 4.1 研究目的 53

4.2 问题提出 ··· 53
4.3 研究方法 ··· 54
4.4 研究结果 ··· 56
4.5 讨论 ··· 65
4.6 结论 ··· 67

第5章 研究一：员工工作—家庭界面模式特征分析 ············ 68

5.1 研究目的 ··· 69
5.2 问题和假设提出 ··· 69
5.3 研究方法 ··· 71
5.4 结果 ··· 75
5.5 讨论 ··· 79
5.6 结论 ··· 83

第6章 研究二：工作—家庭关系对个体工作和家庭满意度的影响机制研究 ·· 84

6.1 研究目的 ··· 85
6.2 问题和假设提出 ··· 85
6.3 研究方法 ··· 91
6.4 结果 ··· 94
6.5 讨论 ··· 98
6.6 小结 ·· 102

目 录

第7章 研究三：工作—家庭界面对夫妻婚姻满意度的影响模式研究：
夫妻成对分析 ·· 103

    7.1 子研究一：夫妻工作—家庭冲突、增益对婚姻满意度的

        交叉影响机制研究 ·· 105

    7.2 子研究二：双职工夫妻工作—家庭界面的人际保护性资源探讨：

        夫妻观点采择能力对工作—家庭界面的影响 ······························ 120

第8章 研究四：父母工作—家庭冲突（增益）对青少年子女
与家庭亲密度及网络成瘾的影响研究 ·· 140

    8.1 研究目的 ··· 141

    8.2 问题和假设提出 ··· 141

    8.3 研究方法 ··· 145

    8.4 结果 ·· 148

    8.5 讨论 ·· 150

    8.6 结论 ·· 152

第9章 双职工工作—家庭关系对家庭生活的影响分析 ······························ 154

    9.1 系统性视角看待员工工作—家庭界面 ··· 155

    9.2 资源保存理论在工作—家庭界面机制研究的推进 ··························· 160

    9.3 溢出—交叉模型和资源保存理论的整合对夫妻层面工作—家庭

        界面作用模式的解释 ··· 163

    9.4 人际保护性核心资源的探讨 ··· 164

  9.5 工作—家庭界面特征对家庭系统的影响·················167
  9.6 理论贡献··170
  9.7 实践贡献··172

第 10 章 研究小结与主要的研究结论·································174

第 11 章 研究局限性和未来展望··177
  11.1 研究局限性··177
  11.2 研究展望···178

参考文献···180
附 录···194

第1章 研究背景

工作和家庭是现代人两个重要的生活领域,从社会的宏观角度来看,成千上万个职业个体通过工作推动社会的进步与发展,不计其数的家庭又是构成社会的基本单位。从微观角度来看,工作和家庭是个体每天用心投入的两个领域,大部分的时间和精力都投入在这两个领域之中。而这两个领域之间的角色关系错综复杂,既有相互对立和冲突的一面,即所谓的"事业—家庭"两难全;也有相互支持和促进的一面,即所谓的"事业—家庭"两不误。如何管理工作和家庭之间的复杂角色关系,将冲突降到最低,提升两个领域之间的促进,保持工作和家庭两个领域的平衡,是每个现代人需要面对的重要议题,对保持个体身心健康、促进组织良好运转、维系社会和谐都具有重要意义。正如美国前劳工部长赫尔曼指出,21世纪决策者和管理者所面临的三个关键问题:全球化对策、提高劳动者技能和工作—家庭平衡。

受系统论观点的影响,西方社会对工作—家庭之间关系的关注是从20世纪60年代开始盛行的,人们开始认识到工作和家庭之间并不是相互独立而是相互关联的两个领域。受当时社会经济背景的影响,研究者关注到过于繁重的职场压力不仅影响到个体的身心健康，而且还会给个人的家庭生活带来巨大的压力，影响到其在家庭生活中的表现，甚至影响到其家庭生活的心理体验。这种现象被称作工作—家庭冲突。此后，大量研究发现，工作—家庭冲突是一种广泛存在的压力源，会对个体的工作、家庭及自身健康和组织健康发展带来消极的后果（Greenhaus, Beutell, 1985）。随着积极心理学的兴起，人们逐渐认识到工作—家庭之间不仅仅存在相互侵扰的关系，个体在一个领域内的体验也可能会对另一个领域有所促进。例如，个体在一个领域内体验到积极情感、学习到的新技能及累积的社会资源，都会对另一个领域的事务有所帮助（Dutton, 2005）。目前，有越来越多的研究关注到工作—家庭相互影响的积极面，以及哪些因素可以诱发工作—家庭之间的积极结果，旨在提高个体工作—家庭两个领域的生活质量，平衡管理多重角色。

尽管研究者一致认识到对工作—家庭关系的探究非常重要，近年来，在对组织心理学主流学术杂志的研究主题进行梳理中发现，工作—家庭主题排在前10位（张志学，鞠冬，马力，2014）。但是，现有研究对这一复杂体作用和影响机制的理解和探讨还相对缺乏，对于如何能够保持工作—家庭平衡这一问题，还缺乏行之有效的建议。正如一些学者所说，虽然大半个世纪以来，组织行为学家一直在努力探讨工作—家庭之间的关系，但是距离运用到实际还有相当长的路要走（Kossek, Pichler, Bodner, Hammer, 2011）。

结合我国当前国情来看，对个体工作—家庭界面关系和影响模式的探讨具有重要的理论和现实意义。首先，工作—家庭之间的关系受到个体价值观和信念的影响。当前，工作—家庭界面研究大都在西方背景下进行，而对其他社会文化背景的探讨较少。结合我国的社会文化价值观念对工作—家庭之间关系及其影响模式的探讨对于深入了解个体工作和生活现状，进行有效的实践具有重要作用。其次，随着社会经济的发展，我国当前的现代化水平逐步提升。社会剧变的同时，人的生活状态也发生了巨大的变化。这表现在个体的工作内容逐渐变得丰富和富有挑战性，组织机构在对经济效益追求的过程中对员工的要求也在逐渐提升。中央电视台"东方时空"栏目在2006年12月19日播出的关于"中国员工压力调查"的数据显示，参与调查的人群中有超过半数的个体表示自己感受到很大的工作压力，这个数据超出美国社会两成。这提示我们，在中国经济高速发展的时代，一方面，伴随而来的工作压力及其对个体的生活以及家庭生活所带来的影响值得关注；另一方面，生活质量的提升使人们对家庭生活品质的追求也大大提升。然而，东方集体主义文化下的社会传统使个体容易在追求事业时忽略对家庭的经营。在对当今婚姻生活的调查研究中发现，夫妻双方对待婚姻和家庭生活的期望都普遍上升，需要投入更多的时间和精力，如何平衡事业和家庭的需求成为中国个体面临的挑战与任务。除此之外，双职工是当今普遍存在的社会现象。据大型调查社会数据显示，我国的双职工数量超过西方国家（陶艳兰，2011）。大部分家庭中的夫妻双方都要同时承担工作和家庭的双重角色与任务。这意味着，不管男性还是女性，都面临着从传统的单一角色转换为更为多元的角色的挑战。探明双职工家庭夫妻的工作家庭互动模式及其对双方以及孩子的影响，对个体工作、家庭以及社会的健康发展都具有重要的指导意义。

综上所述，在我国的社会文化背景下，探讨个体的工作—家庭之间的互动模式及其对个人和家庭的影响，具有十分重要的现实意义和理论意义；对于理解中国个体工作和家庭之间的影响模式，以及促进中国个体的工作—家庭平衡有着重要的指导意义。

第 2 章　文献综述

2.1　工作—家庭界面研究

工作和家庭是个体两个主要的生活领域。这里的工作是指个人为支持生活所从事的提供服务或者货物的工具性行为,并且通常是指有偿工作;家庭是指有以婚姻和抚养关系相关联的具有生物学纽带的一个群体。与工作角色不同的是,家庭角色的工具性是为了保持家庭单元的完整和提升所有家庭成员的幸福感(Edwards, Rothbard, 2000)。这两个领域不是相互独立,而是相互联结和影响的。工作—家庭影响被定义为个体在一个领域内的经历对另一个领域内的经历的影响,这种影响是具有双向作用的,即个体的工作生活可以对家庭生活造成影响,同时家庭生活也可以对工作生活造成影响(Eby, Maher, Butts, 2010)。组织行为学家和心理学家一直致力于探讨这两个领域之间的联结形式和影响机制。随着系统论在心理学中的广泛应用,工作—家庭界面的研究被研究者认为是系统论研究的一个最好体现(Wadsworth, Hibel, 2013)。工作—家庭界面的研究内容主要有以下几个方面。

2.1.1　工作—家庭消极影响

研究者对个体工作—家庭之间的消极影响的研究开始得较早,大量的研究文献探讨了工作—家庭冲突的表现形式、影响条件及相应的结果变量。资源稀缺被认为是工作—家庭冲突发生的原理。该理论认为,个体的工作和家庭对个体的角色要求和期待都不相同,而个体的资源有限,对一种角色的参与会影响其对另一种角色期待的完成。工作—家庭角色冲突包含两个方面:工作干扰家庭或者家庭干扰工作。工作—家庭冲突产生的原因有以下三种情况。

(1) 一个领域内的时间要求过多造成个体没有足够的时间去完成另外一个领域的事务。

(2) 来自一个角色领域内的压力过大,致使个体不能完成其他角色要求和期待。

(3) 一种角色对某一具体行为的要求,令个体不能够去完成其他角色行为 (Jeffrey H. Greenhaus, Beutell, 1985)。

总结上述几种情况,工作—家庭冲突模型 (work-family conflict model) 显示,冲突发生是由于一个领域对个体的要求和另外一个领域对个体的要求不相匹配。一个领域对另一个领域的冲突可能会从直接作用转换成为相互影响。研究者 (Grandey, Cropanzano, 1999) 提出,当工作压力开始侵扰到家庭领域时,未完成的家庭责任则会开始侵扰工作领域的相关事务。

一项工作—家庭冲突的元分析总结了影响工作—家庭冲突的前因条件,包括工作角色压力(角色过载、角色冲突、角色模糊及时间压力)、角色卷入度(角色中心度和工作卷入度)、工作(家庭)特征(工作职位、奖金、工作任务种类、家庭收入）、人格因素（控制点、消极情绪）等因素可以正向预测工作—家庭冲突。元分析选取了178篇研究中的1080个相关系数进行分析，得出这些变量均可以预测工作—家庭冲突。结论还发现，个体心理因素如角色压力和人格因素，对于工作—家庭的冲突，比客观因素如工作特征变量，对工作—家庭冲突的预测力度更强（Michel, Kotrba, Mitchelson, Clark, Baltes, 2011）。另外，来自家庭压力和家庭需求也会增加个体的家庭—工作冲突。例如，研究发现，孩子的数量，与配偶的关系紧张或者观点不一致，更少的家庭支持和更多的家庭事务卷入等都会影响到个体的家庭—工作冲突水平（Bacharach, Bamberger, Conley, 1991; Carlson, Perrewé, 1999; Fox, Dwyer, 1999; Grzywacz, Almeida, McDonald, 2002; Parasuraman, Purohit, Godshalk, Beutell, 1996）。

工作—家庭双向冲突产生的结果变量也是研究者感兴趣的领域，工作—家庭冲突对个体生活的影响可以分为三个方面来考虑：对身心健康的影响；对工作领域变量的影响；对家庭领域变量的影响。工作—家庭冲突一直被认为是一种潜在的压力源，由此推断工作—家庭冲突对人的生活会产生一系列负面的影响。相当数量的研究表明，工作—家庭的双向冲突均可以预测更低的工作满意度、组织承诺、离职率和耗竭；同时，对家庭满意度、婚姻满意度也有负面预测作用。此外，双向工作—家庭冲突还可以对个体一般身心健康产生消极作用，如可以预测更高水平的心理紧张、更多的慢性躯体症状、高的抑郁水平及高的物质滥用等。一些研究认为，工作—家庭双向冲突存在跨领域的交叉影响，而另一些研究者则认为，由工作引起的家庭冲突对工作的结果变量影响更为显著；而由家庭引起的家庭—工作冲突则对家庭领域的结果变量影响更为显著（Amstad, Meier, Fasel, Elfering, Semmer, 2011；Ford, Heinen, Langkamer, 2007）。

2.1.2 工作—家庭积极影响

随着积极心理学的兴起，研究者们发现，工作和家庭之间的关系不仅存在资源稀缺假说所认为的侵扰和消极影响，工作和家庭之间的联结也存在非常积极的作用。角色累积理论认为，个体从事多重角色的优势就在于不同角色的优势可能会产生累积作用，使个体获得更多的积极体验（唐汉瑛，马红宇，2007；Sieber，1974）。例如，研究对高阶层成功女性进行了深度访谈后发现，在职场上成功的女性的整体生活满意度及婚姻幸福感并没有因为她们对工作的高度卷入而受到影响；相反，她们得到了更多的家庭支持，并且因为成功管理时间和角色获得了更多的满意感（Cheung, Halpern, 2010）。

表达工作和家庭之间积极影响的概念：积极溢出（positive spillover）、促进（facilitation）、提升（enhancement）和增益（enrichment）（Greenhaus, Powell, 2006；Ruderman, Ohlott, Panzer, King, 2002；Wayne, Randel, Stevens, 2006；Grzywacz, Marks, 2000）。研究者（Greenhaus, Powell, 2006）总结了多种概念，认为虽然对工作家庭之间存在的促进关系的概念描述不同，但是所关注的问题的本质是相同的。因此，他们总结了多种概念，提出了工作—家庭增益的概念（work-family enrichment）：个体在一种角色中的经历中可以获得相应的资源，这些资源可以改善和促进个体另一种角色的表现质量。增益的发生通过两种途径来实现：工具性途径和情感途径。工具性增益是指一种角色获取的资源直接影响另一种角色；情感性增益是在一个角色领域内所体验到的积极情绪情感间接影响另一个角色领域的表现。

增益可分为四种类型：

（1）发展类（获得的知识、视角、技能和价值观）。

（2）情感类（行为或者态度上的改变）。

（3）资金类（资产的累积）。

（4）自我效能感（提升专注程度等）。

与工作家庭冲突相类似，工作—家庭增益也存在双向的影响，即工作—家庭增益和家庭—工作增益。

与心理学领域其他研究类似，对工作—家庭界面的积极影响的探讨相比消极影响还尚显不足。工作—家庭增益提出之后，得到了一些理论和实证研究的支持。研究者（McMillan，2011）提出，工作—家庭增益发生的条件包括以下三个方面：投入、累积及提升功能。投入是指个体在角色中的卷入程度；累积是指角色间的资源迁移；提升功能是指个体获得了解决相应问题的手段和技能。研究发现，工作资源，如工作自主性、组织支持和主观支持等可以增加个体的工作—家庭增益。另一项研究发现，弹性的工作时间安排可以提升员工的工作—家庭增益水平。对工作—家庭增益的研究发现，工作和家庭支持资源是工作—家庭增益的敏感前因变量，尤其是对家庭支持型主管行为（family supportive supervisor behavior，FSSB）及家庭支持组织知觉（family supportive organizational perception，FSOP）的研究，具体表现为组织提供家庭友好支持对提升员工的工作—家庭增益和家庭—工作增益均有正向的影响作用（Nicklin，McNall，2013；Odle-Dusseau，Britt，Greene-Shortridge，2012）。

虽然在现有的研究中对组织提供的家庭友好政策和支持型文化的探讨较为集中，但另一些研究者也发现，组织提供的支持型资源对员工的工作—家庭增益有积极影响。而员工的家庭认同和配偶的支持对员工的家庭—工作增益有较为显著的影响。研究者（Karatepe，Kilic，2007）等人发现，配偶支持高的员工报告了更多的工作满意度和更高的身体健康水平。另一项研究发现，个体的家庭生活对个体的工作表现产生影响，并且其积极影响要大于消极的影响（Demerouti，Bakker，Voydanoff，2010）。研究者（Greenhaus et al.，2012）的研究发现，组织提供的支持型政策只有得到其配偶的支持和认可之后才能获得最大的工作—家庭增益。这与其他的研究结论相一致，即个体积极的工作溢出的发生取决于家中配偶对个体工作场所的积极事件的认可和回应（Ilies，Keeney，Scott，2011）。研究者（Griggs et al.，2013）的研究也发现，对于低阶层的劳动工人来说，家庭支持和社区支持对促进其工作表现也有极为重要的影响。因此，有学者认为个体的家庭支持应纳入工作—家庭支持的概念系统中（李永鑫，赵娜，2009）。

工作家庭增益对工作结果变量、家庭结果变量及总体结果变量均可以产生积极的影响。工作—家庭增益可以增加组织公民行为，提升工作绩效，降低离职意向和工作耗竭（Boyar，Mosley Jr，2007；Hunter，Perry，Carlson，Smith，2010；McNall，Masuda，Nicklin，2009；Michel，Mitchelson，Kotrba，LeBreton，Baltes，2009；Mickel，Dallimore，2009；Nicklin，McNall，2013）。工作—家庭增益、生活满意度及婚姻满意度存在正相关关系（Hunter，Perry，Carlson，Smith，2010；McNall et al，2010；Michel，Dallimore，2009；Nicklin，McNall，2013）。另外，工作—家庭增益同样对提升个体的心理健康水

平有促进作用。一项研究检验了积极情绪和心理紧张感在工作—家庭增益对生活满意度的影响。研究发现，工作—家庭增益和家庭—工作增益对个体的工作满意度和生活满意度都有显著影响，但是工作—家庭增益对结果变量的影响更为稳定。最近，一项关于工作—家庭增益的研究选取了21项研究的54个相关系数进行分析，研究结果显示：工作—家庭增益对工作领域的结果变量的积极影响更大；而家庭—工作增益对家庭领域的结果变量积极影响更为显著，工作—家庭增益和家庭—工作增益对个人的身心健康都有积极的影响。在对调节变量的考察中发现，在女性占多数的研究样本中，工作—家庭和家庭—工作增益对各个领域的结果变量都有积极影响（McNall，Nicklin，Masuda，2010）。

在探讨工作—家庭积极影响的研究中，除去探讨工作和家庭双向促进和增益之外，另外一些研究者将目光投入个体在工作之外的恢复体验对于其组织行为表现的提升。研究者（Sonnentag et al.）在一系列研究中发现，个体在工作之外尤其是在家庭生活中，如果体验到很好的休息和恢复，如充足的睡眠、愉快的家庭活动或者良好的夫妻情感互动，则会对其随后的组织行为有显著的提升作用（Sonnentag，Bayer，2005；Sonnentag，Binnewies，Mojza，2008；Sonnentag，Kuttler，Fritz，2010；Sonnentag，Fritz，2007）。研究者（Binnewies et al.，2009）运用日志法连续追踪员工5个工作日，调查发现，个体在家中与配偶讨论其工作中发生的愉快事件可以显著提升其工作满意度。另一项日志法追踪研究也发现，个体次日的工作投入与头一天在家中所感受到的恢复体验的程度有关（Sonnentag，Binnewies，Mojza，2010；Sonnentag，Mojza，Binnewies，Scholl，2008）。

2.1.3　工作—家庭平衡

综合前文对工作—家庭界面的综述内容发现，目前对工作—家庭界面的研究可以分为积极和消极两个方面。工作和家庭对彼此都有正面的促进与负面的侵扰作用。大多数个体在大多数时刻，积极和消极同时存在。那么，要完整地理解工作—家庭界面的关系，就要以一个整合和动态的视角来同时看待这两个方面。于是，研究者提出了"工作—家庭平衡"这个概念。研究者（Frone, 2003）认为，工作—家庭平衡是一种因个体需要兼顾工作和家庭而导致的相容和冲突并存的生活体验，并据此提出了工作—家庭平衡的"四因素结构"，即工作—家庭平衡意味着低水平的工作—家庭冲突（工作—家庭冲突和家庭—工作冲突）和高水平的工作—家庭促进（工作—家庭促进和家庭—工作促进）。近年来，一些研究者应用路径分析及结构方程模型的方法，将工作—家庭双向冲突和双向增益放在同一个模型内考虑后发现，在同领域内，冲突和增益呈负相关关系。工作—家庭平衡意味着高的促进体验和低的冲突体验。这一观点在国内也得到了一些研究者的呼应（王永丽，叶敏，2011）。之后，一些研究者提出，个体对工作—家庭界面的四个维度体验得分可能存在不同的组合，对这些组合的考察可以了解个体的工作—家庭界面的特点，丰富工作—家庭平衡的结构形式。受到分类测量学（typology）和以人为中心（person-centered）研究方法的启发，一些研究者同时考察工作—家庭界面四个维度不同维度得分的组合的分类形式，见表2-1。研究者（Demerouti, Geurts, 2004）首次对员工的工作—家庭冲突和增益的得分进行聚类分析发现，工作—家庭界面的四种表现形式：积极型——高增益、低冲突；消极型——高冲突、低增益；无影响型——冲突、增益均低；

活跃型——冲突、增益均高。之后的研究沿用这种研究思路对此问题进行探索。研究者（Mauno，Rantanen，Kinnunen，2011）用潜在剖面分析（latent profile analysis，LPA）的方法将所得的数据重新进行分析，发现活跃型的工作—家庭界面类型又分为两个亚型：一种亚型表现出高的家庭—工作冲突，另一种亚型则表现出较低的家庭—工作冲突并伴随较高的工作—家庭冲突和工作—家庭双向增益。此外，研究还发现一种独特的工作—家庭类型。这种类型稳定表现出家庭对工作高增益和低冲突，但是表现出工作对家庭的高冲突和低增益。研究将这种类型称为矛盾型。在对工作—家庭界面分类的探讨中发现，对于不同文化下的被试所表现出来的类型的人数存在显著性差异。例如，在欧洲社会中，积极型的工作—家庭界面最为常见；而在美国社会中，积极型的工作—家庭界面并不是大多数人的表现类型。矛盾型的工作—家庭界面形式在重视人际关系的社会中更为常见和流行。

表 2.1 工作—家庭界面的结构形式

工作—家庭冲突	工作—家庭增益	
	高	低
高	活跃型	消极型
低	积极型	分割型

除了"成分说"之外，另一些研究者提出工作—家庭平衡的"总体评价说"。研究者（Greenhaus et al.，2003）认为，工作—家庭平衡是指个体对工作和家庭两个角色领域有相同水平的承诺和满意感的程度，关注的重点是个体对工作和家庭两个角色领域的满意程度。研究者（Greenhaus，Allen，2006）的进一步研

究发现，工作—家庭平衡是个体对其工作和家庭角色履行效率及满意度与其生活目标或生活理念相符合的程度。研究者（Greenhaus，Allen，2011）之后再次对"工作—家庭平衡"定义给出阐述，即"个体在工作和家庭角色中的成效和满意感与个体把优先权给予哪个角色相一致的程度"。这个定义将工作—家庭平衡完全看作一个心理结构。这些观点都强调个体必须在工作和家庭两个角色领域均做到高度投入，更多侧重描述个体的主观感受；与此同时，忽略了不管在工作还是在家庭角色职责的履行中，个体都必须与重要他人（家人、上司、同事等）互动这一客观现实。虽然这些观点启发了人们尝试突破冲突和增益的框架，从整合的视角来理解工作与家庭界面之间关系，但是并不能真正反映成年人工作与家庭界面之间关系的内涵。

基于此，一些学者认为工作—家庭平衡除去主观体验的成分后，也要考虑到其客观的角色的完成情况。因此，有研究者这样定义"工作—家庭平衡""工作—家庭平衡是一种角色期望的达成，这种期望的达成是通过和工作或者家庭领域内相关人员进行协商来完成的。"这种客观的平衡定义更多是从实际角色完成的社会学角度来分析的。

研究者（Grzywacz，Carlson，2007）对"工作—家庭平衡"概念的重新界定，为我们更加全面、透彻地理解成年人工作与家庭界面关系提供了全新的视角。首先，个体对工作和家庭的充分承诺是可以实现的，即工作和家庭对个体而言并非"鱼和熊掌不可兼得"的关系。这一点与研究者（Lachman，Boone-James，1997）提出的中年发展观（midlife development）相一致。他们认为，首先，成功管理并承担起多重角色任务是现代成年人的一项重要的发展性任务。其次，强调个体对与工作和家庭领域的重要他人共同商定的角色职责或期望的成功履行，而非个体对角色表现的主观满意感。这一点既反映了成年人工作与家庭生活的人际互动性，同时也有助于提升测量的有效性。角色表现的主观满意度只能通过个体自我报告的方式进行测量，但是与他人商定的角色期望的达成情况却可以同时通过自我报告和他人评价两种方式进行测量，从而尽量减少由于个体主观评价可能带来的偏差。最后，强调工作—家庭平衡的目标需要个体与工作和家庭领域中的重要他人协商、互动才能真正实现。研究者（Eddleston，Powell，2012）以258名企业家为对象进行研究。研究结果发现，工具性的家庭对事业的增益及家庭对事业的支持会显著地正向预测企业家的工作—家庭平衡。这一点从根本上改变了人们对工作—家庭界面关系处理的传统认识。传统的观点强调工作与家庭界面关系的处理是一个人的事情，只需要个体自己努力并让自己感到满意即可。不管是工作角色还是家庭角色的成功履行，个体都必须与他人进行互动才能实现。这一点也为对工作—家庭平衡的干预和指导提供了很好的启示：有效的干预必须重视个体与工作和家庭领域中的重要他人之间的交流和互动。

综上发现，工作—家庭界面中的研究特点，强调工作—家庭是一个系统性多层面的结构。其中包括两个领域之间的互相影响，这种影响要同时考虑到积极和消极的方面。而不同方向的积极和消极的体验又会组成不同的界面表现形式。不仅要同时考虑工作—家庭影响中的积极面和消极面，而且还要将工作—家庭的平衡的主观体验和客观角色完成情况同时考虑到研究框架之中（Carlson，Grzywacz，Zivnuska，2009）。通过对研究的梳理我们也发现，尽管工作—家庭平衡是一个全面综合的概念，现有的实证研究对这一概念的探讨较少，尤其是将其作为一个独立的概念维度的考察。在今后的研究中，有必要加强对这一部分的探讨。

2.2 工作—家庭影响机制

2.2.1 溢出—交叉影响模型

溢出（spillover）是一种发生在个体内部的压力跨领域转移现象。这种转移是依靠个体在不同领域内体验到的相似的情感、技能、价值观来完成的。在工作—家庭的研究中，"溢出"特指个人在工作场所中产生的应激反应是如何转移并干扰到非工作领域的（Eby et al.，2005）。溢出又分为积极溢出和消极遗传。例如，一个人在工作场所经历的挫折会通过负面情绪传导至家庭领域。目前，大量研究对情绪、情感在工作—家庭之间的传递进行了探讨。研究发现，除去消极情绪和 A 型人格会影响消极情绪溢出之外，工作性质也会对负面溢出产生影响。如工作压力、工作时长等（Carlson，Perrewé，1999；Prescott，Rothwell，et al.，2012）。个体在工作中体会到的积极体验也会溢出到家庭领域，促进个体的家庭生活质量，提升家庭生活满意度。例如，个体在工作中获得的新的知识技能、体验到的积极情绪和个人价值感都会促使个体的总体生活满意度的提升。

交叉模型（crossover model）。交叉影响是组织和社会领域关注的焦点问题，源于个体生活在与他人的关系和互动中，没有个体是孤立于其他个体存在的。研究者（Westman，2001）将个体由于工作或家庭的需求（资源）导致的紧张（投入）影响了处于同样社会环境中的关系紧密的他人（配偶、同事）的紧张（投入）的现象称之为交叉效应（Crossover）。交叉效应的概念提出之后，将原来的工作—家庭界面的研究从聚焦在单个员工的层面拓展到了夫妻互动和员工互动的层面,合理地将动力学、人际关系和社会系统理论整合到了工作—家庭界面的研究,使工作—家庭界面的研究更加具有系统性。

交叉效应描述的是人际互动的一个过程,即一个人体验到的工作压力或心理紧张会影响到处于相同社会环境中的其他人的紧张水平。纵观目前的交叉效应的研究,绝大多数的研究聚焦在夫妻之间的交叉效应,即夫妻一方由于工作领域的需求或资源所导致的积极或消极体验跨越了工作边界进入家庭领域,对配偶或家庭其他成员的体验产生积极或消极的影响。而这些积极或消极的体验主要包括焦虑(Westman,Etzion,Horovitz,2004)、倦怠(Bakker,Schaufeli,2000;Westman,Etzion,Danon,2001;Demerouti,Bakker,Schaufeli,2005;Bakker,Demerouti,Dollard,2008;)、痛苦(Haines,Marchand,Harvey,2006;Song,Foo,Uy;2011;)、抑郁(Howe,Levy,Caplan,2004)、工作—家庭冲突(Westman,Etzion,2005)、婚姻不满意感(Westman,Vinokur,Hamilton,Roziner,2004)、生活满意感(Demerouti,Bakker,Schaufeli,2005;)、关系满意感(Bakker,Demerouti,Burke,2009)、工作投入(Bakker,Demerouti,2009;Bakker,Shimazu,Demerouti,et al.,2011;Demerouti,2012)。不难看出,以工作—家庭界面为基础的交叉效应的研究主要聚焦在将家庭作为由于工作产生的压力的"受害者"。同时,一些研究者也探索了个体在家庭领域的体验直接对配偶体验的影响。研究者(Westman et al.,2004)研究发现,夫妻一方失业的焦虑会导致配偶焦虑情况的增加;研究者(Westman et al.,2008)研究发现,夫妻一方的身体健康状态会影响另一方的身体健康状态。交叉效应除了发生在夫妻之间以外,还可能会在职场中的同事之间发生(Westman,2001)。后来,相关研究者指出,根据研究者(Moos,1984)的理论,个体是社会系统中的一部分，在这个系统中的每个成员都是彼此相互联系的，一个人的改变将会影响到其他人的改变。研究者（Westman，2001）也指出，在工作—家庭系统中，个体除了在家庭领域与配偶有紧密的互动外，还存在职场这一重要的场所，并且在职场中也会与同事有紧密的互动，建议将职场中的交叉效应增加到交叉效应的研究中来，所以他们在夫妻之间的交叉效应研究的基础上进一步探索个体在职场中的交叉效应，将交叉效应的研究范围由原来的夫妻之间扩大到了职场中的同事之间。研究者（Bakker，Schaufeli，2000）以教师为研究对象，发现那些经常与抱怨问题学生的已经倦怠了的老师交谈的老师最有可能会体验到他们同事所表达出来的消极态度。Bakker等（2006）发现，团体水平的倦怠和工作投入会影响团体内部员工的倦怠和工作投入。研究者（Bakker，Xanthopoulou，2009）研究发现，职场中员工的工作投入状态会影响同事的工作投入和绩效。

研究者（Bakker，Demerouti，2011）将溢出理论和交叉效应的理论进行了相应的整合，提出了与工作相关的体验首先溢出到家庭领域，然后通过社会互动影响配偶幸福感的溢出—交叉模型（spillover-crossover model，SCM），见图2-1。此模型假定溢出的过程始于夫妻双方的工作环境，根据工作需求—资源模型（Job Demands-Resources model，JDR）（Demerouti et al.，2001；Bakker，Demerouti，2008；Demerouti，Bakker，2011）显示，尽管每一份工作有不同的工作条件，而这些工作条件均可以归为工作需求和工作资源两类。工作需求是工作中需要个体付出相应努力的一些方面，会引起个体的紧张和压力，进而溢出到员工的家庭领域，导致工作—家庭冲突的体验的产生；而工作—家庭冲突体验的产生会使员工在家与配偶互动时有消极的互动（如较少的支持或更多的社会侵蚀行为），进而影响到配偶的幸福感。相反，工作资源指工作中帮助个体处理工作需求、促进工作目标实现、激励个人成长和发展的方面，它会促进员工的投入，使个体在家的时候也可能处于一种情绪良好的状态，进而使员工在家与配偶互动时有着更为积极的互动（如较多的支持行为或更少的社会侵蚀行为），进而影响到配偶的幸福的体验。

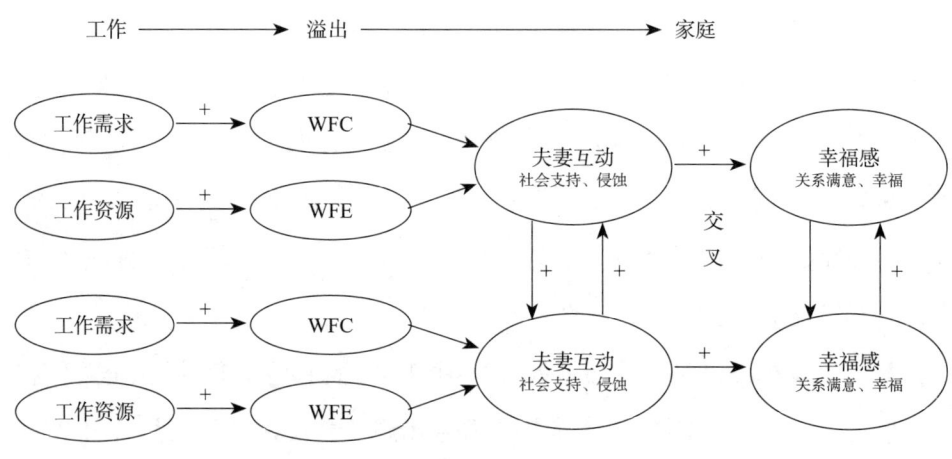

图 2.1　溢出—交叉模型

对于交叉效应如何发生，为什么关系紧密的两个人处于同一个空间下的时候，一个人的积极或消极的体验会影响另外一个人积极或消极的体验，以及积极或消极的体验在关系紧密的人之间的传递是否会受到其他因素的影响等问题，溢出—交叉模型的提出，为我们理解交叉效应的发生机制提供了相对比较直观的视角。一个人积极或消极的体验对配偶或同事的幸福感产生影响，要么是通过积极或消极体验的直接的交叉影响，要么是通过间接的交叉影响。

第 2 章 文献综述

关于配偶或同事之间的积极或消极情绪体验的传递,学者们运用情绪感染(emotional contagion)对此进行了相应的解释。研究者(Hatfield et al., 1994)将情绪感染定义为个体自动地模仿和同步其他人的面部表情、说话方式、姿势,以期与他人达到情感上的聚合。个体在家与配偶或在工作上与同事互动的过程中会无意识地自动模仿他人的面部表情、语言表达和行为或者通过这种面部的反馈来形成个体觉知到的一些积极或消极的体验(Westman, Bakker, 2008)。另外,积极或消极情绪在配偶或同事之间的直接传递,还可能通过个体的"换位思考"这样一个有意识的认知过程来达到。也就是说,个体有可能会"抓住"其他人的情绪,当一个人试着去想象自己站在对方的角度他将如何体验时,这就给个体创造了一种信息的中心或系统过程的条件,而不是肤浅的或启发式的过程,结果就会导致个体有相似的体验(Petty, Cacioppo, 1986);积极或消极体验在配偶或同事之间的传递,除了通过情绪感染这种直接的方式以外,还可能通过配偶或同事之间的人际互动这一间接的方式。到目前为止,社会侵蚀(social underming)和社会支持(social support)作为积极或消极体验的行为传递者已经得到了相关研究者的证实。研究者(Westman, 2001)就使用了压力和应对的理论从理论上指出交叉效应可能是社会侵蚀这一间接过程的结果。个体的社会侵蚀或社会支持行为,会直接影响配偶的幸福感或通过影响配偶家庭领域的需求和资源来间接地达到。研究者(Westman et al., 2001)以 98 对双职工夫妻为研究对象,发现配偶一方的生活控制感有助于降低个体的倦怠和社会侵蚀行为,进而会提升对方对生活的控制感。研究者(Westman, 2005)研究发现,增加的痛苦和与之伴随的沮丧会导致个体挑起或激化与配偶的消极互动。研究者(Bakker et al., 2008)以 168 对双职工夫妻为研究对象,发现夫妻一方的工作—家庭冲突增加了配偶的家庭需求，因为其对配偶表达了消极情感、批评配偶等侵蚀行为。研究者（Shimazu et al.，2009）以日本夫妻为研究对象也得到了同样的结果，即员工的工作需求与其工作—家庭冲突呈显著的正相关关系，工作—家庭冲突与社会互动的质量呈显著的负相关关系，进而导致配偶的身体健康下降。研究者（Demerouti，2012）调查了131对双职工夫妻发现，工作资源会增强个体的工作自我促进，进而使个体有更多的精力投入家庭事务中，增加配偶的家庭资源。

在交叉效应的发生过程中，个体与配偶或同事在人际互动过程中，其积极或消极的体验能否被对方顺利地"抓住"，还受到其个人的特质和一些环境特征的影响。相关的研究者对影响交叉效应的发生过程的一些因素进行积极的探索，结果发现性别、个体的同感心、对他人情绪状态的易感性等个人的特质，个体与配偶或同事有共同的压力源，在互动过程中交换观点的频率等均影响交叉效应的发生过程（Bakker，Westman，Emmerik，2009）。下面将对这些个人因素或环境因素在交叉效应发生过程中所起到的作用进行相应的阐述。

同感（empathy）。同感被定义为在本质上是以情绪占主导地位的人际沟通，指个体在心理上将自己置于他人的情境中去感受他人的感受（Lazarus，1991；Starcevic，Piontek，1997）。它包含着个体有能力去识别他人的情绪状态，以及有能力受到其他人情绪状态的影响。它的核心是个体卷入分享他人的情绪状态。因此，个体对配偶或同事的积极或消极的情绪状产生一个同感的反应会增加其自身的情绪体验。研究者（Westman，Vinokur，1998）曾指出，同感可能是交叉效应过程的一个调节变量。研究者（Bakker，Demerouti，2009）以双职工夫妻为研究对象，发现丈夫的同感调节着夫妻之间的工作投入的交叉效应，具体表现为当丈夫的同感心较高时，妻子的工作投入对丈夫的工作投入的影响更大。

情绪的易感性（susceptibility）。情绪的易感性指个体的身心状况与认知活动容易受情绪事件影响的程度（Delplanque，Silvert，Hot，Sequeira，2005）。有研究者指出，高情绪易感性的个体很容易受到周围其他人的消极情绪的影响，他们最容易抓住他人表达的消极情绪，如恐惧、焦虑、抑郁等（Bakker，Schaufeli，Sixma，Bosveld，2001）。研究者（Bakker，Schaufeli，2000）以教师为研究对象发现，那些对情绪最敏感的教师，当他们的同事表达出消极情绪的时候，他们最可能变得倦怠。

交换观点的频率。有研究者指出，在人际互动的过程中，互动两人彼此之间交换观点的频率是影响情绪体验传递的一个重要因素。两人彼此之间交换观点的频率越高，那么个体的积极或消极情绪体验就更容易传递给对方（Stroebe，Schut，1999）。研究者（Bakker，Schaufeli，2000）的研究同样发现，那些频繁与周围那些已经倦怠了的同事谈论问题学生的教师，有相当大的可能会受到倦怠同事所表达的消极态度的影响。

有着共同的压力源。研究者（Westman，Vinokur，1998）曾指出，一对配偶有共享式的生活环境，在这个共享式的环境中，他们可能面对着同样一种压力，所以他们才有相同的体验，即交叉效应可能是共同压力源的结果。此观点得到了后续研究者的证实。研究者（Song et al.，2011）以中国100对一方有工作而另一方正在努力找工作的夫妻为研究对象，发现日常的财政紧张、日常的家庭争论会引起夫妻双方痛苦水平的提升。

受溢出—交叉理论模型的影响，目前对交叉模型的研究大都关注从工作领域到家庭领域，且多探讨夫妻之间的互动交叉影响。然而，也有研究者开始关注到父母的工作—家庭关系对孩子的心理及行为造成的影响。研究父母对孩子的心理的影响，始于发展心理学。从对父母教养方式的直接探讨到近年来开始关注父母的人格特征、价值观、情绪特征对孩子的相应感受和行为的影响。研究中相对一致的结论得出，父母不同的心理和情绪特征将会对孩子的心理和行为发展造成影响。近年来，对儿童青少年的发展研究越来越重视其与生活的社会文化环境的互动，对家庭的系统和整体性功能的重视程度也越来越高（Kelly & El-Sheikh, 2011；McDonald & Grych, 2006；池丽萍, 2005）。例如，在对青少年问题行为的考察中，网络成瘾是引起社会、家庭及学校广泛关注的一个主题。如何在网络时代预防和减少青少年不当网络使用及其相应的次生危害是热点研究主题。已有研究发现，家庭功能是预测青少年问题行为的重要预测指标。尽管在青春期，青少年从对原生家庭的依赖中开始转向更复杂的环境系统，但是在这一个阶段，家庭环境仍然是青少年最为重要的近端环境。并且在这个阶段中，由于自我意识的逐渐成熟，青少年与父母的矛盾开始增加，导致其对和父母的互动质量的要求升高。一旦青少年感受到家庭功能不顺畅，不足以支撑他的发展和成长时，将会导致其问题行为的出现。例如，以往研究集中探讨了家庭功能对青少年的酗酒、吸烟、暴力攻击及网络成瘾的影响。家庭亲密度对网络成瘾具有相对一致的预测作用（高玉峰等, 2013；胡宁等, 2009）。

在工作—家庭的研究主题中，一些研究者认为，在考量工作对个体家庭及家庭生活的影响时，不应将目光局限在夫妻之间，还应关注家庭的另一层核心的人际关系，即父母和子女之间的相互作用和影响（Crouter, Bumpus,

2001）。夫妻工作状况对其子女的研究始于 20 世纪四五十年代。当时，研究的主题主要是由于妇女开始进入劳动力市场，研究者开始关注工作的母亲会不会忽略对孩子的抚养，进而导致孩子产生抑郁相关的心理问题。但是研究发现，职业母亲和孩子的抑郁心理之间没有显著的正向关联。之后的研究开始转向关注父母双方，尤其是父亲的工作压力对家庭角色完成质量的影响。虽然有一些数量的研究关注到父母的工作情况对于子女的心理适应性的研究，但是数量相对较少，尤其是对青少年期子女的心理和其问题行为的影响探讨的研究就更加不足。而处于青春期的孩子不管是在心理发育还是生理发育，都面临着巨大的冲突和挑战，父母在此时也面临着巨大的教育压力。与此同时，青春期的孩子的父母大都处于中年，在事业发展上处于上升阶段。因而，此阶段的父母也面临着相对复杂的工作—家庭任务。综上所述，有针对性地探讨父母工作—家庭的关系，对于青少年的心理调适及随后的问题行为的探讨，对于减少和避免青少年问题行为的出现、减少家庭问题的出现，均具有非常重要的理论意义和现实意义。

2.2.2　跨领域影响和领域内影响

通过对工作—家庭关系对个体的工作行为和家庭行为的探讨，发现了两种不同的影响模式。早期的溢出模型认为，由工作产生的对家庭的冲突和侵扰将会影响到个体的家庭表现，而由家庭产生的对工作的侵扰将会影响到个体的工作行为（Allen, Herst, Bruck, Sutton, 2000；Ford et al., 2007；Frone, Russell, Cooper, 1992；Frone, Yardley, Markel, 1997）。

与此相对的是，近年来，越来越多的西方研究发现，工作—家庭界面的影响更倾向一种直接影响的模式，即工作—家庭冲突和工作—家庭促进会直接影响个体的工作态度和工作行为；相反，家庭—工作冲突和家庭—工作促进则会影响家庭领域相关的变量。该理论模型解释，直接影响效应的发生机制源于两个方面：首先，工作—家庭界面的影响源于个体的主观归因，当个体感知到冲突（促进）来自工作（家庭），相应地会对该领域产生负性（正性）评价。其次，根据社会交换理论，个体感知到一个领域对另一个领域带来收益或者损害时，会对发出领域（sending domain）产生相应的回馈。例如，由工作所带来的对家庭生活的促进，会使个体对工作更投入和满意；而由家庭生活所带来的对工作的影响，会影响到个体对家庭生活的态度和行为的改变（Peeters，ten Brummelhuis，van Steenbergen，2013）。

与交叉影响模式相比，直接影响模型得到了更稳定的实证支持。在一项对 201 对美国夫妻为期一年的纵向研究发现，无论对于男性还是女性，家庭—工作冲突均不能预测其 1 年后的工作满意度（A. Grandey，Cordeiro，Crouter，2005）；研究者（Hakanen，Peeters，Perhoniemi，2011）开展了一项为期 3 年的针对 1632 名牙科医生的交叉滞后研究。研究发现，工作—家庭增益对个体的工作投入产生影响，而个体的家庭—工作增益对工作投入则不会产生影响。研究者（Steinmetz et al.，2008）的研究也发现，个体时间 1 的工作—家庭冲突会预测时间 2 的离职意向，而时间 1 的家庭—工作冲突则不能预测时间 2 的离职意向。研究者（Amstad，McNall，et al.，2011；2010）的元分析结果也表明，工作—家庭方向的影响与工作相关的结果变量更相关，而家庭—工作方向的影响则和家庭相关的结果变量更相关。

2.2.3　工作—家庭资源保存理论

研究者（Hobfall，1989）提出的压力资源保存理论是广泛用于解释组织行为发生和变化的经典理论，大量的研究以此理论为基础（J. R. B. Halbesleben，Neveu，Paustian-Underdahl，Westman，2014）。资源保存理论共提出 7 个假设，综合 7 个假设可以得出 3 个重点，即个体努力保护现有资源并获取更多新的资源；资源损失会引起压力，对压力的应对进而会引起更多资源的损失；资源的获得可以预防压力的产生，已获得的资源会导致个体对资源进行投资，进而获得更多的资源。这三个观点均得到了相关研究的验证，并可以运用到组织行为的解释中。例如，研究发现当个体感知到主管的工作支持时，可以减轻由组织程序不公正感带来的负面组织行为，资源可以缓解压力所带来的负面影响（Campbell，Perry，Maertz，Allen，Griffeth，2013）。另一些研究则着重关注资源获得和损失的螺旋过程。研究者（Halbesleben et al.，2012）的研究发现，组织公民行为可以带来同事的信任继而使个体产生更多的组织公民行为。对任务的自我效能感可以促使个体的工作投入水平的提升，而个体工作投入又可以进一步促使个体的自我效能感的出现（Llorens，Schaufeli，Bakker，Salanova，2007）。

研究者（Brummelhuis，2012）结合现有的工作—家庭界面研究及资源保存理论的观点，提出了工作—家庭资源保存理论（WH-R），详细解释了工作—家庭冲突和工作—家庭增益的发生机制，以及其随时间变化的本质，并提出保持工作家庭界面平衡的保护性因素。同资源保存理论相似，研究者认为，在工作—家庭影响的过程中，资源的动态变化是造成个体表现不同的核心因素。见图 2.2。

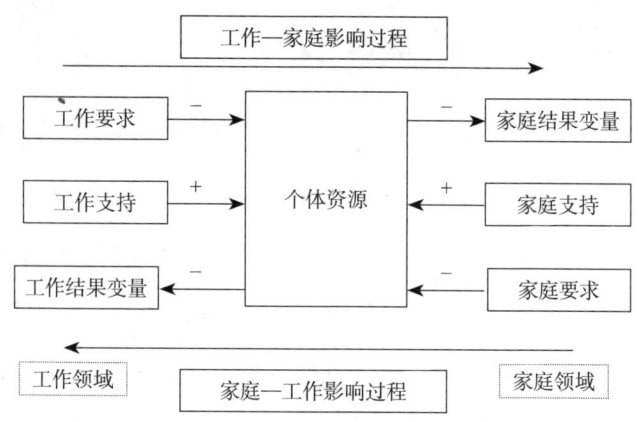

图 2.2 工作—家庭资源保存理论

WH-R 根据这三个理论要点，详细阐述了工作—家庭之间相互影响的机制，并对"资源"这一核心概念进行分类。资源可以根据两个维度划分为 4 种类型：首先，根据主、客观维度资源可以划分为背景资源和个体资源；其次，根据稳定性又可以把资源分为不稳定性资源和结构性资源。在资源划分的基础上，研究者建构了理论框架来解释工作—家庭资源间的相互影响过程。第一，研究者提出，一个领域内背景资源变化会通过影响个体资源的变化进而影响另一个领域内的资源变化。工作—家庭冲突是工作（家庭）要求导致个体资源损失，进而影响其在家庭（工作）中的表现；同样，工作—家庭促进是工作（家庭）支持引起个体资源累积，进而增强其在家庭（工作）中的表现。第二，工作—家庭冲突更可能发生在拥有宏观资源比较少的个体身上，工作—家庭促进更可能发生在拥有宏观资源比较多的个体身上。第三，短期的工作—家庭冲突（促进）是通过影响个体不稳定资源来完成的，而长期的工作—家庭冲突（促进）则是通过影响个体稳定的资源来完成的。

通过上文可以看出，资源保存理论是组织心理研究中的一个整合性的理论，可以解释个体的组织行为和家庭行为的发生变化机制，并且强调一个动态的、相互影响大的视角。已有研究结果对此理论作出了验证。在一项9个月的纵向研究中发现，个体的工作角色资源的累积会增加个体的家庭角色资源的累积，工作—家庭冲突小的个体表现趋势更为明显。研究者（Chen，Westman，Eden，2009）同样认为，由工作压力所带来的工作—家庭冲突和情绪耗竭也会进一步引起个体的耗竭和工作—家庭冲突（Demerouti，Bakker，Bulters，2004）。

2.2.4　工作—家庭边界理论

信息时代的到来使传统的办公方式发生了转变，工作时间及工作的物理环境均发生了弹性变化。个体的非工作时间存在更多工作行为出现的可能性。例如，员工在下班时间大量使用电子邮件等方式处理工作事务；手机、平板电脑的大规模普及更是使员工可以随时随地关注与工作相关的事务。这些现象的发生使工作和家庭之间的界限变得模糊（O'Driscoll，Brough，Timms，Sawang，2010）。个体如何应对和管理工作—家庭之间的相互渗透与融合成为研究者关注的焦点。

边界理论（border theory）的提出为理解和研究上述社会现象提供了理论解释。边界理论认为，个体的工作—家庭存在相互作用的界面，个体每天在两个领域内穿行，要跨过领域的边界才能顺利完成角色的转换。该理论在于探讨个体是如何划分工作和家庭之间的界限进而顺利地完成角色转化，获得工作—家庭之间的平衡，其研究的要义在于如何有效地增加工作和家庭之间的重叠部分（Clark，2000）。

　　边界分割（segmentation）和整合（integration）是描述工作—家庭边界特征的两个概念，分割意味着工作和家庭之间的边界强度较大，边界之间交叠的部分较小；整合则意味着两个领域之间的边界强度较弱，交叠部分相对较大（Kossek，Lautsch，Eaton，2006；Nippert-Eng，2008）。边界整合可以有效提高个体角色转化的效率，一些研究发现，高边界整合者将会发生更多的积极情感溢出。对全球事业成功的女性的访谈研究中也发现，促进边界整合是她们管理工作和家庭之间平衡的有效手段（Ashforth，Kreiner，Fugate，2000a；Cheung，Halpern，2010）。一些研究者提出，组织和公司应推行弹性的工作安排政策，以期能够使个体更灵活地在工作和家庭之间穿行（Kossek，Pichler，Bodner，Hammer，2011）。在探讨边界整合的益处的同时，来自西方的研究证据却表明，整合的边界虽然会促进工作—家庭角色融合，也会付出相应的代价，即由角色模糊所带来的两个领域之间的侵扰会随之增加。相反，分割管理的个体会有效地降低工作—家庭的双向冲突。除此之外，边界理论提出了在考察工作—家庭边界特点对于工作—家庭平衡的影响过程中，除去考虑到实际的边界特点之外，还要考虑到个体的偏好和价值观。这对于环境供给是否能够影响工作—家庭平衡起到了重要的调节作用。研究发现，组织供给和分割偏好之间的匹配可以显著降低双向工作—家庭冲突（Kreiner，2006；Park，Fritz，Jex，2011；Powell，Greenhaus，2010；Rothbard，Phillips，Dumas，2005）。

　　边界理论是解释工作—家庭相互作用的重要理论，近年来得到了广泛的关注。其理论核心在于通过探讨工作和家庭相互重叠的边界强度和转化,既继承了工作—家庭传统的角色理论的核心,又将人与环境交互作用的整体论思想加入,有效地解释了工作—家庭关系的作用机制。边界理论的提出迎合了西方社会发展特点的需要。虽然研究者认为,提出该理论的目的是为了促进工作—家庭领域之间进行有效的整合,但是西方被试的研究结果反映出边界整合会带来工作—家庭的双向冲突的提升,而边界的分割者则能够有效地降低工作—家庭冲突。因而,在理论的发展过程中,研究者提出在考察边界特征对于工作—家庭平衡的影响时,要对个体的价值取向,如分割偏好等变量进行考察。这种研究取向突出了边界分割偏好在探讨工作—家庭界面管理中的重要性,西方个体倾向在工作和家庭两个系统之间划定相对明晰的界限,个体对跨界的影响表现出高敏感性。分割管理虽然可以避免由角色模糊所带来的两个领域的相互侵扰,但在面临角色转换时会发生困难。研究者(Michel et al., 2011)在工作—家庭冲突前因变量的元分析中对 178 篇研究的 1080 个相关系数进行分析,结果发现,角色压力被认为是引起西方个体工作—家庭冲突的首要因素。

2.3 社会文化因素对工作—家庭关系的影响

随着工作—家庭主题研究的深入,越来越多的学者开始发现,社会文化因素是影响和塑造工作—家庭界面及其对个体行为表现影响的重要因素。工作和家庭生活对个人而言是高度社会化的活动,因此,对工作—家庭的文化和社会价值规范对个人在对待和处理工作、家庭之间关系产生重要影响。工作—家庭的早期的研究对社会文化因素并未给予足够的重视，研究者在对工作—家庭界面的元分析和研究综述中，发现很少有研究考虑到文化因素在工作—家庭界面中的重要作用。例如，研究者（Eby et al.）对23年来的190篇关于工作—家庭主题的文章进行内容编码分析，没有关于文化变量的分析。研究者（Tsui，Nifadkar，Ou's）在对1996—2005年的93篇文章进行分析，并没有将文化变量作为预测变量的研究，仅仅有两篇文章将文化变量作为调节变量，并探讨其对工作—家庭冲突和另外一个结果变量之间的关系。在为数不多的实证研究中，研究者确实发现了文化在影响工作—家庭界面中的作用。

个体主义文化和集体主义是研究者解释文化差异的重要考虑因素。有研究者统计，约有1/3的跨文化研究选取这一角度对研究结果进行解释（陈玲丽，金盛华，2013）。工作—家庭界面研究领域对文化因素的探讨，也主要从西方个体主义文化（individualism）和东方集体主义文化（collectivism）对待工作和家庭不同的价值观念出发，进而探讨两种文化形态下工作—界面的表现形式和对相应结果变量的影响（Spector et al.，2004）。西方个体主义文化强调追求关注个人目标和成就感的实现，尊重个人隐私和自我发展，工作是实现个人价值和目标的重要途径。东方集体主义文化强调群体认同、人际归属和情感支持，关注个人与群体的整体结果。工作成就更多是为了实现家庭的整体利益和寻求社会认同（苏红，任孝鹏，2014）。这种价值观念的差异导致了个体处理工作和家庭之间关系时的态度和行为表现迥然不同的风格。现对中国文化背景下工作—家庭关系的独特表现及其心理原因作如下分析。

2.3.1　个体主义文化下工作—家庭的对等关系

对工作—家庭关系的研究起源于 20 世纪 60 年代,工作—家庭冲突作为严重的社会问题进入研究者的视野中。在此时期,西方主要国家的经济发展迅速。与此同时,社会学和管理学研究者开始关注到,繁重的工作安排给员工的家庭生活带来了极大的侵扰。据记载,当时员工认为自己就像工作机器。生活中的大部分时间被工作内容所充斥,个体的家庭被看作工作的牺牲品(陆佳芳,2005)。而另一方面,随着传统家庭的解体,越来越多的女性进入职场,打破了传统的男主外、女主内的家庭模式。男性和女性均面临着工作和家庭生活的双重任务和角色,双职工家庭的压力致使工作和家庭之间的冲突上升(王萍,2012;Barnett,Hyde,2001)。工作—家庭冲突(work-family conflict)、家庭工作冲突(family-work conflict)、工作—家庭侵扰(work-family interference)、家庭—工作侵扰(family-work interference)、角色侵扰(role interference)、角色冲突(role conflict)等概念均是描述工作和家庭之间的对立关系。这一方面说明,在西方个体主义文化下,竞争和实现自我价值的工作过程容易让个体承受来自工作和家庭两方面的压力;另一方面也表明,个体主义文化中家庭对个体工作的侵扰的低容忍度。对个人而言,工作和家庭是相对平等的两个领域,个体既要完成工作角色又要完成家庭角色,两种角色的完成均要求个体付出时间和精力,因而容易产生角色压力并导致冲突关系的出现,进而影响个体健康生活的运转。研究者(Billing et al.,2013)系统考察了个体主义和集体主义对工作—家庭冲突预测作用。研究选取了美国、澳大利亚、韩国和日本四个国家,通过研究个体主义和集体主义对工作—家庭冲突的影响,发现个体主义对工作—家庭冲突的预测皆强于集体主义。

对工作—家庭界面的影响结果的探讨同样反映出了西方个体工作和家庭之间的对等关系，这一点体现在跨领域交叉影响模型（cross-domain）和领域内直接影响模型（within-domain）的争论中。而且越来越多的证据表明，西方背景下的工作—家庭对行为结果的影响模式符合直接影响模式，即由工作发出对家庭造成的影响更能影响个体对工作的看法，而由家庭引起的对工作的影响会对个体的家庭生活表现产生影响。这种直接影响模式反映出西方个体对于工作和家庭两个系统持相对平等的关系价值理念。任何一个领域对另一个领域的生活产生影响，都会直接影响到个体对该领域的行为表现和态度变化。

2.3.2 集体主义文化下的工作优先性

相较于西方社会对工作—家庭系统的平等信念，集体主义文化下的中国社会表现出更多的工作优先的信念（张勉，魏钧，杨百寅，2009；张勉等，2012；Hofstede，2007）。在看待工作和家庭关系时，集体主义文化下的个体会将完成工作使命和任务放在优先考虑的地位。社会文化和组织均鼓励勤奋工作的员工，勤劳工作被视为传统美德，组织也会对牺牲个人时间、认真工作的员工给予表扬和鼓励。不仅如此，超时工作也常被看作个人为了家庭而牺牲自我的一种表现。在这种心理和价值信念的影响下，集体主义文化下的家庭成员会选择支持个体努力工作，通过努力工作为家庭和家人带来生活质量和幸福感的提升也成为个体工作的重要动力。研究表明，中国个体对于由工作而带来的对家庭生活的侵扰的容忍度更高，员工在工作时并不太担心工作—家庭冲突的发生（Bu，McKeen，2000）。当中国个体面对超时工作时，很少对组织产生抱怨；

而相反，西方个体则对组织要求的超时工作会产生不满情绪，并且个体过多投入工作则极有可能被视作自私的表现（Yang，Zhang，2003）。研究者（Aryee，1999）等认为，东、西方对工作—家庭冲突的表现差异正是源自两种文化中看待工作和家庭之间关系的差异。

在对工作—家庭关系对结果变量的考察中，集体主义文化下交叉模型的验证也为上述理论假设提供了实证支持。也就是说，当个体工作侵扰到家庭时，通常不会影响到其在组织中的行为表现和态度，而家庭对其工作的影响则会导致个体的组织行为发生相应的变化。研究者（Yang，2000）通过对中国、美国员工的工作—家庭双向冲突对工作满意度的影响的研究发现，与美国个体不同，中国个体的家庭—工作冲突和工作满意度呈显著负相关关系；在对新加坡员工的研究中也发现了类似的结果，即个体的家庭—工作冲突而不是工作—家庭冲突可以预测其工作满意度的降低（Galovan et al.，2010）。研究者（Huang，Chen，2012）在调查中国台湾地区某一线服务行业女员工时发现，由角色压力带来的家庭—工作冲突是导致其离职意向的主要原因。李永鑫和赵娜（2009）在研究中发现，中国员工的家庭—工作冲突比工作—家庭冲突对离职意向的预测更显著，刘永强和赵曙明（2006）的研究也得出了相似的结论。张勉等人（2012）分别考察双向工作—家庭冲突对个体的工作满意度、离职意向和组织承诺的影响，结果发现家庭—工作冲突可以显著预测工作结果变量，工作—家庭冲突可以预测个体整体生活满意度的下降。通过上述文献分析发现，交叉影响模型在集体主义文化下得到了较为一致的验证，这体现出集体主义文化下工作和家庭地位的不对称性。即使当个体的工作影响到其家庭生活时，也不会改变其工作行为和态度；而只有当个体的家庭不能够支持其工作或者不能供给资源时，才会对其组织行为造成影响。

深入分析工作优先性的心理机制可以发现，在我国社会文化背景中，儒家文化是主要的文化特征。相对于其他流派的文化，儒家文化倡导用积极"入世"的心态，以解决现实生存问题为主要目的。其"内生外王"的人格理想充满了积极上进、建功立业的色彩。并鼓励人们为了实现理想而积极奋斗，并将牺牲个人生活、勤奋工作、促进社会发展、造福天下百姓视作一种美德。"天下兴亡，匹夫有责""先天下之忧而忧，后天下之乐而乐"正是反映了这种思想。"修身、齐家、治国、平天下"的理念更直接地反映了儒家文化中工作—家庭关系的次序性。"修身、齐家"被认为是个体的基础任务目标，而更高的理想在于"治国"与"平天下"。因而，为了实现更高层次的理想与追求，暂时将家庭利益放在次要地位对中国个体来讲是可以接受的。最近一项研究发现，"牺牲工作"的工作—家庭观念氛围会对个体工作满意度和家庭满意度造成负面的影响，而"牺牲家庭"的观念氛围则不会影响个体的工作满意度和家庭满意度。这项研究结果也表明，在我国的文化背景中，"为工作而牺牲家庭"是一种相当普遍和常态的现象（李贵卿，Reid，2014）。

资源保存理论认为，资源对个体的心理和现实意义来讲不具有等同的价值，个体更倾向将易得的资源进行投资以期获取和累积高层不易得的资源，而当易得资源储备不足或者损失过大时，将使个体产生压力和耗竭从而影响其对高层级资源的追求（J. R. Halbesleben，Neveu，Paustian-Underdahl，Westman，2014）。对中国个体而言，家庭支持和家庭资源相对于工作资源来讲，是更为易得的资源，因此，个体也会将更多的家庭资源迁移到工作中去，以期获得更多的工作资源。反之，当家庭支持资源不足时，则会导致个体的工作表现下降。研究者（Jin，Ford，Chen，2013）选取北美和中国两个样本对工作—家庭双向溢出进行考察。研究发现，北美样本的工作—家庭方向的溢出高于中国样本，而中国个体的家庭—工作方向溢出高于北美样本。马红宇等人（2013）在探讨家庭边界弹性能力时发现，不管个体的边界弹性意愿如何，家庭边界弹性能力的增加始终可以预测个体的家庭—工作冲突的降低和家庭—工作增益的提升。这些研究表明，中国个体的家庭边界偏弱，因而资源易流动到工作领域。

2.3.3 工作—家庭整体性

从上文分析中可以看出，虽然中国文化下个体倾向将工作放在优先位置考虑，但也可以看出，这种优先性背后还体现出工作和家庭之间存在更自然和深刻的联结性。这种工作和家庭之间的整体性认知，可以被看作中国文化背景下工作—家庭关系的另一方面特征。这种整体性表现为个体工作牵动着整体家庭的发展；与此同时，家族和家庭的价值观念也影响个体的工作与生活。

首先，在中国文化背景下，工作对个体除了具有个人层面的心理意义之外，在很大程度上与家庭整体利益息息相关。除去工作为家庭带来经济上的支撑和供养之外，个人在工作上取得成就往往也被认为为整个家族带来了荣光。这和中国传统文化对于家庭的发展目标，如家族富足延绵、光耀门楣、封妻荫子都具有一致之处，因而家庭成员对个人工作及事业奋斗都表现出宽容和支持。研究者（Wang，2004）在研究中提到，在集体主义文化中，即使满足生存的经济状况已经不再成为工作的主要驱力，个体仍然将工作成功定义为一件可以光耀门楣的事件。研究者（Lau，1981）等人在儒家传统文化和中国香港现代化经济共存的基础上，提出的功利亲情（utilitarianistic familism）的理论构想，也为工作优先这种价值观念提供了解释。功利亲情在中国核心文化"家文化"的基础上，提出儒家传统下的个体将家族利益置于个人利益之上，家庭是社会活动的基石，并认为中国的社会经济结构是以"家"为单位的"家有制"经济（Ralston, Holt, Terpstra, Kai-Cheng, 2008；赵红艳，2009）。在现代经济社会中，努力工作为家庭创造好的生活条件，使家庭成员得到更好的发展是维护家庭利益的一种重要表现。因此，为了家庭幸福而努力工作，不仅是个人的信念，而且同时也是家庭成员的一致目标。

其次，中国传统文化的核心是"家文化"，中国的社会经济结构是以"家"为单位的"家有制"经济（赵红艳，2009）。卢作孚认为："家庭生活是中国人第一重要的社会生活，这种生活集中了中国人的要求，确定了中国人的活动范围，规定了其社会的道德条件和政治上的法律制度。"著名学者梁漱溟认为，中国文化的特色就是重视人与人之间的关系，它总是把家庭那种彼此亲密的味道，应用到社会上去。跟"个人本位，自我中心"相反，它是以对方为重，互相以对方为重（梁漱溟，2010）。在组织团体中寻求家庭中的归属感就成为中国个体的重要的任务。在对中国个体工作价值观的研究中发现，追寻人际归属与和谐是个体认为重要的工作价值。与最近一项对新加坡和美国员工的跨文化研究显示，美国员工认为，组织嵌入和团体嵌入会带来工作—家庭之间的冲突和侵扰，而新加坡员工则认为嵌入性不会带来冲突。对于这种结果的出现，研究者认为，在团体中寻求归属感是集体主义家庭文化下所形成的一种自然的社会价值信念，因此个体对从属于组织或者家庭等团体不会感到不适和压力（Ng, Feldman, 2014）。

最后，工作—家庭整体性的特征与集体主义文化下的整体性认知模式相关。已有研究发现，集体主义文化下的个体对自我的定义更多是从群体的角度出发，是一种互依性自我认知（interdependent self）。这种自我认知的方式使得个体倾向于对多种身份角色进行整合管理，从而导致角色边界相对模糊，角色之间的转换能力较为灵活（Markus，Kitayama，1991）。因而，中国个体的工作和家庭边界界限相对较弱，较少感知到由角色转换压力而带来的冲突（金家飞，徐珊，王艳霞，2014）。一些学者在对边界理论的探讨中也提出，与西方个体边界管理风格相比，集体主义文化下的个体更倾向使用整合性的边界管理策略，使工作和家庭之间的边界更融合（Ammons，2013；Ashforth，Kreiner，Fugate，2000b；Nisbett，Peng，Choi，Norenzayan，2001）。

从上述分析中可以发现，中国个体对待工作和家庭之间的关系有其独特的心理特性。努力勤奋工作、取得成就是中国个体优先追求的目标。这种目标追求背后的动机不仅来源于个体层面的动机，更源自家庭的利益和发展。正因如此，家庭对于个体工作有较大的支持力度和对侵扰的忍耐性。因而，我们也可以发现，中国个体工作优先性的价值观念背后体现出了工作和家庭之间存在着更深刻和天然的联结。这种联结导致了个体在认知上不倾向于将工作和家庭看作两个分割的领域，而是存在一种整合和沟通。工作不只是个人层面的事务，更是全家人关注和支持的事务。同时，个体在组织中也会寻求这种整体性在很大程度上源于中国个体对整体性认知的偏好。

2.3.4 工作—家庭界面中的性别差异

性别角色是工作—家庭研究主题中所考察的重要的影响变量，社会角色理论认为，在个体社会化的过程中，不同的性别会获得不同的社会期望，从而使男性和女性发展出不同的社会信念价值，以及行为规范和行为技能。这种性别角色之间的差异从发展早期就开始出现，女孩被期望承担更多的表达性角色，如慈爱、善于照料他人、能敏感察觉他人的需要等。这些特征是女性担任妻子和母亲的必要特征。而男孩则被期望出现更多的工具色角色，如果断、支配和富有竞争性等。这些特征是作为丈夫和父亲必须承担养家糊口和保护家庭不受伤害所必要的心理品质。这种男性和女性的性别角色差异同样反映在各自对待工作和家庭之间的关系中。虽然当今社会鼓励男性和女性地位平等，男性和女性均要承担工作和家庭的角色责任，但由于传统的性别模式的作用，社会对男性的工作角色期望高于对女性的，而对于女性的家庭角色期待则要高于对男性的。男性和女性的工作—家庭界面特征仍然存在差异。

在对工作—家庭界面的研究中发现，性别是影响工作—家庭界面特点的重要影响变量。已有研究表明，管理者在制定决策时会考虑到性别问题，组织对于女性员工的分割供给显著高于对男性员工的分割供给，而女性员工更倾向于使用组织中的亲家庭政策。在对工作—家庭界面的具体特征的考察中也发现，男性和女性的工作—家庭界面的心理体验存在差异。虽然目前的研究结果还有不一致之处，当相对稳定的结果发现男性所体验到的工作—家庭冲突高于女性，而女性所体验的家庭对工作的体验高于男性。这项结论很好地反映了男性和女性的社会角色期待的差异，工作角色是男性的中心角色，因而在完成工作角色向家庭角色的转变中存在更多的冲突。相对而言，家庭角色是女性的中心角色，因而女性在完成家庭角色向工作角色的转变中存在一定的差异。在对夫妻的工作—家庭界面的考察中可以发现，夫妻的工作—家庭界面的交叉影响模式存在差异。研究结果较为一致地发现，丈夫的婚姻满意度对于妻子的婚姻满意度存在更大的交叉影响,而妻子的社会支持及工作—家庭界面特征则对丈夫的工作—家庭界面特征及心理满意度存在更大的影响。这也表明,在家庭的互动中,丈夫和妻子的工作—家庭界面及交叉影响模式之间也存在性别差异。

一些研究在考察工作—家庭界面的性别差异中也发现,性别差异和不同的文化背景相关,社会对于不同性别角色的期待不同会使性别在对工作—家庭界面的影响表现出不同的影响模式。倡导角色平等的文化下的员工的工作—家庭界面的性别差异相对较小,而性别不平等的文化下的男性和女性的工作—家庭界面特点差异较大。我国传统的文化下对于男性和女性在工作期望和家庭期望上赋予了不同的角色期待,对男性的事业成功有较大的期待,而对女性照顾家庭的能力有较高的期待。这种价值信念导致中国员工的工作—家庭界面特征存在性别差异。目前,研究一致发现男性的工作—家庭冲突高于女性,并且对于家人对工作支持的期待较高(谢菊兰等,2013;Zhang,Foley,Yang,2013)。

2.4 个人特质对工作—家庭关系的影响

在组织行为的研究中,个体特质的差异是不能忽视的影响因素。研究表明,即使处在相同的组织和生活境遇中,个体也会表现出不同的心理和行为反应。这与个体在人格、态度和信念价值观方面存在的差异相关。在考察个体组织行为的时候,应考虑到个体差异。在对工作—家庭关系主题的探讨中,越来越多的研究者从探讨客观工作和家庭条件对工作—家庭关系的影响转到个人特质及动机的影响层面来，从而探讨工作—家庭关系差异中稳定的个体差异。研究者（Brown，Crace，1996）指出，当个体对工作与家庭赋予不同的导向时，会存在不同的行为结果。当个体是以家庭为导向的时候，更加注重家庭成员的感受，看重自己在家庭中的表现和家庭生活幸福；而当个体是以工作为导向时，会更加看重其在工作中的表现，投入更多时间在工作中。个体对待工作和家庭不同的价值信念会对个体处理工作和家庭之间的关系造成影响。工作—家庭中心性研究是指个体的对工作和家庭两种角色相对重要性的一种判断（Carr，Boyar，Gregory，2008）。在对工作—家庭边界理论的探索中也发现，仅仅从客观组织和家庭环境出发探讨如何为个体提供相应的资源使其能同时兼顾工作事务和家庭事务不足以使个体的工作—家庭达到平衡的状态（Allen，Cho，Meier，2014）。对个体工作—家庭边界的研究，除了对客观的边界弹性能力、渗透性等概念的考察，同时要注意对个体边界管理偏好和动机的考察。其中，结合分割偏好（segmentation preference）和边界弹性意愿（boundary flexibility-willingness）来探讨个体的工作—家庭管理风格很好地反映了这种思路。分割偏好是指个体在多大程度上对工作和家庭保持分割状态，边界弹性意愿表示个体愿意从一个领域抽身处理另一个领域事务的程度（Park et al.，2011）。对这两个概念的考量采用人—环境匹配的研究思路，人—环境匹配认为个人和环境的一致性程度越高，其行为表现越好，反之则会产生消极影响。只有组织提供给个体政策和客观实际情况符合个体对工作—家庭管理风格的偏好时，才会对个体处理工作—家庭相关事务达到最好的效果（马红宇，申传刚，2014）。

情绪情感特征是工作—家庭关系研究中的另一个重要的个体差异变量。早期对溢出理论的相关研究已经提出领域之间相互影响发生的实质是由于个体在一个领域中所产生的情绪情感随着个体带入另一个领域之中。在随后的研究中，研究者发现，情绪情感不仅仅是一个重要的中介传递变量，还是一个重要的预测和调节变量。例如，研究较为一致地发现，消极情感（negative affect）得分较高的个体体验到更高的工作—家庭冲突和由此带来的抑郁和耗竭。而积极情感则能够负向预测工作—家庭冲突和家庭工作—冲突。除了对积极情绪和消极情绪的直接考察，研究者还将研究主题拓展到与情绪情感相关的人格特质领域进行探讨（Eby，Maher，Butts，2010）。

在对大五人格（big five personality）对工作—家庭影响关系的考察中发现，神经质人格特征（neuroticism）和工作—家庭冲突有高的正相关，而情绪稳定性（emotion stability）则能够调节由工作压力带来的工作—家庭冲突感。在对外向性的考察中发现，其对工作—家庭冲突也有一定的预测作用，即外向性高的个体体验到较少的工作—家庭冲突和较高的工作—家庭促进，但是这种关系在不同的研究中结果并不太稳定。宜人性（agreeableness）是另一个和工作—家庭冲突相关的人格特质，宜人性较高的个体会表现出亲和与信任的特性，因而能够有效地避免冲突的发生，并能和周围人良好互动获得更多支持。对大五人格特质对工作—家庭关系的影响进行元分析后结果发现，消极情感、神经质及自我效能感对工作—家庭冲突预测效果量最大（Allen et al.，2012；Cho，Tay，Allen，Stark，2013；Tement，Korunka，2013）。除大五人格特质之外，其他性格特征，如控制源、自我概念及心理韧性均和避免工作—家庭冲突、提升工作—家庭促进相关。

近年来，对人格的文化差异研究也取得了较大的突破和进展。由于人格特质的形成和文化有不可割裂的联系，在具体的测验形式、题目设置，包括含义解释上文化都存在着较大的影响。对人格文化特性的研究者认为，虽然人格的形成是人类社会演化的结果，具有一定的普适性，但是这并不是人格的全部内容。那么，在中国文化背景下，中国人的人格表现和西方国家的人格有哪些共同之处，又会有哪些是我国文化背景下所形成的独特的人格特性？基于以上问题，一些华人心理学家开始着手考察中国文化背景下的人格特征，并尝试开发本土社会背景下的人格测评工具。这些本土化的人格构念加入了"缘""面子""和谐"等中国人重要的心理特征（Hwang，2000）。其中，"跨文化（中国人）个性评估量表"（The Cross Culture Chinese Personality Assessment Inventory，CPAI）的开发体现了将文化共通处和特殊性兼容并包的人格研究思路，对测量和研究中国人的人格特征有重要的理论和实际贡献（范为桥等人，2011）。CPAI对人格测量工具的开发既包含西方较为稳定的跨文化一致性存在的五因素人格特征，同时又加入了包含本土化特点的人格维度，因而被称作"六因素人格模型"。具有本土特征的人格分量表包含"和谐""人情与面子""亲情"及"节俭"维度。对本土化人格特征的研究发现，这些人格取向均和中国人的社会生活紧密相关。研究发现，亲情与和谐维度与中国人生活满意度显著相关，阿Q精神与面子则与生活满意度呈负相关关系。在对大学生群体和青少年群体的调查中发现了类似的结果，这种关系体现出中国文化背景中的集体主义导向。

"CPAI六因素人格模型"的研究发现，本土人格中的亲情、人际和谐、人情面子等特征影响中国个体的组织行为，并且对个体应对压力的行为方式有预测作用。研究发现，和谐性、人情和面子对员工的工作绩效具有良好的预测作用。在对MBA管理学员的调查中也发现，有经验的MBA学员表现出更多的人情和亲情特征（张珊珊，周明洁，陈爽，张建新，2012；Cheung，Fan，et al.，

2008)。考察亲情人格对中国双职工夫妇工作—家庭影响关系的预测研究发现，亲情人格能减少个体工作对家庭的负面侵扰和家庭对工作的负面侵扰，并且和工作—家庭之间的相互促进作用呈正相关关系。在随后的夫妻层面分析中发现，夫妻人格在亲情人格维度上的相似性可以预测较少的工作—家庭冲突和较多的工作—家庭促进。对行动者对象效应的研究发现，配偶一方的亲情人格不仅可以预测自己的工作—家庭影响关系，而且还可以对配偶的工作—家庭影响关系有一定的预测作用。在性别差异的分析中可以发现，丈夫人格特征对妻子工作—家庭关系的影响比妻子对丈夫的影响更明显（Ho，Chen，Cheung，Liu，Worthington，2013）。

在社会和人格研究领域，考察人格对个体行为的预测和影响，除了在个体层面开展分析和探讨，有相当多数量的研究关注的是人格在成对关系、恋爱或者夫妻中的相互作用和影响。随着成对数据分析方法的突破，越来越多的研究采用同时收集伴侣之间的人格和关系指标进行综合考察分析。行动者—对象效应模型是成对模型（Actor-Partner Interdependent Model，APIM）是考察互动关系的重要理论模型。该模型既可以考察个体预测变量对自身行为的影响，称为"行动者效应"，又能够考察其对关系中成员的效应，称为"对象效应"。对澳大利亚、英国和德国三个国家的大型调查项目中的夫妻人格和满意度的数据进行分析，探讨人格对夫妻婚姻满意度的行动者效应、对象效应及相似性效应。研究结果显示，行动者效应呈中等强度；对象效应相对较小，但是却稳定出现；而人格相似性的预测则不是很明显。这项研究与以往研究一致地反映了夫妻人格的相互作用和影响会对婚姻生活和个人家庭生活造成影响。

除去直接对本土化人格特征进行探讨之外，一些研究还提出，在考察不同个性特征对工作—家庭关系影响时应关注到在文化特征中个体的哪些变量可以体现出文化特征。集体主义文化背景下看重人际导向,因而对相关变量的考察就显得尤为重要。观点采择（perspective taking）是影响夫妻婚姻满意度和互动质量的重要影响因素,观点采择是指个体能够理解他人观点和立场的认知能力,能够将自己放在对方的立场来思考问题,并且在没有切实经历别人的生活时也能够体会对方的情绪。大量的实证研究发现,配偶一方的观点采择能力会对夫妻双方的婚姻满意度造成影响,甚至会影响另一方的离婚行为（Kimmes, Edwards, Wetchler, Bercik, 2014; Péloquin, Lafontaine, 2010a）。在工作—家庭交互影响关系的夫妻交叉影响机制中,夫妻之间的相互的体察和感受是交叉影响发生的重要机制。在对日本426对双职工夫妻的工作投入交叉影响效应的考察中发现,夫妻的观点采择能力会对交叉效应起到调节作用,并且这种调节效应在女性群体中更为显著。因此,观点采择能力是预测夫妻间工作—家庭关系的重要变量（Bakker, Shimazu, Demerouti, Shimada, Kawakami, 2011）。

2.5 文献综述小结

从上述对工作—家庭关系文献梳理中可以总结以下五点。

（1）工作—家庭关系是组织行为学和人力资源管理中的热点话题,对工作—家庭界面结构的探讨较为一致地显示工作—家庭界面包含四个维度:工作—家庭冲突、家庭—工作冲突、工作—家庭增益和家庭—工作增益。四个维度综合反映出工作—家庭界面的整体特征。在对工作—家庭界面的特征探讨中,采用了以个体为中心（person-centered）的分类测量学的研究方法。通过潜变量分类对个体的工作—家庭界面的表现形式有更深入的认识。

（2）个体工作—家庭界面可以对个体工作态度行为和家庭态度行为造成不同的影响。工作—家庭界面对行为模式的影响不仅表现在个体层面，而且同时表现在夫妻及其他核心人际互动的层面。以往研究对工作—家庭界面的组织单元探讨较多，一部分研究者认识到，工作—家庭界面在家庭领域内的影响考察应投入同样的关注。

（3）对工作—家庭关系的影响机制的探讨是解释工作—家庭关系的关键和核心，溢出—交叉模型、直接影响模型、资源保存理论及边界理论分别从不同角度对工作—家庭关系及其影响均提出解释，是目前工作和家庭之间互动影响机制的重要理论。

（4）社会文化因素是影响工作和家庭关系的重要因素，中国社会文化背景下个体的工作和家庭有其独特的表现形式。工作相比家庭具有优先性，即个体会将资源优先投入工作和事业的发展中去，但是个体工作优先性和家庭支持以及对家庭带来的潜在利益息息相关。这体现了中国个体工作和家庭的整体性。社会规范对于不同性别在工作—家庭中的角色期待，是社会文化因素对工作—家庭关系的另一个重要的方面。在我国社会传统的"男主外，女主内"的性别规范下，男性和女性的工作—家庭界面存在系统性差异。

（5）个体特质是影响个体工作—家庭关系的重要变量，表现为个体的工作—家庭关系虽然受到客观环境的塑造，但是和个体个性特征有紧密的关系，拥有不同个性特征的个体的工作—家庭关系表现出稳定的差异。

第 3 章　问题提出及研究框架

3.1　问题提出

对工作—家庭关系及其作用机制的了解是组织行为学中的热点问题，同时也是促进工作—家庭平衡实践的重要环节。以往研究更多从组织的视角来看待这个问题，近年来，研究者开始探索家庭系统在工作—家庭互动中的影响模式。此外，在中国社会文化背景中，家庭系统在个体的工作和生活中也有非常重要的地位和意义。虽然已有相关研究围绕中国文化下个体工作—家庭关系特点及其对个人和家庭的影响，但是依然存在以下一些问题和不足之处值得深入探讨。本书在梳理以往研究的基础上，提出重点关注和解决的一些问题，以期对已有的研究进行丰富和补充。

首先，根据工作—家庭界面研究可以看出，目前越来越多的研究者开始用系统的观点和视角同时检验工作—家庭界面四个维度的得分情况，从而从一个整体的视角了解员工的工作—家庭界面状况。这条思路体现在具体的研究中表现为同时将工作—家庭双向冲突和增益纳入研究问题中,系统地考察不同维度的作用模式。不管是以"人为中心",还是以"变量为中心"均有此类研究,但是目前这类研究在我国还尚显不足。国内已有的研究大多是考察了工作—家庭界面中某些维度的影响,而缺乏将所有维度系统进行考察的研究。我国员工的工作—家庭界面的特征如何?工作和家庭各自占有怎样的地位?不同维度对员工的工作感受和家庭感受造成哪些影响?这些问题都值得作进一步探讨。

其次,以往工作—家庭界面的影响模式集中在个体层面,但从文献综述当中可以看出,越来越多的理论和研究认识到考察工作—家庭界面的影响模式应该从人际角度入手,不仅要考虑到个体的工作—家庭界面对自身的影响,同时还要考虑到对周围人的影响。从文献综述中我们还可以看出,在工作—家庭界面对结果影响中,研究集中在对组织领域的结果变量的影响探讨。近年来,有研究者认识到,对工作—家庭界面对家庭领域的影响应投入更多关注,因为从长远的角度来看,家庭和婚姻生活对个体有更深入的影响(Van Steenbergen,Kluwer,Karney,2014)。尤其在中国文化背景下,员工的工作和家庭紧密相连,彼此之间相互作用,不可分割。因此,本研究将工作—家庭界面的影响研究从个体层面拓展到家庭层面,考虑家庭中的人际互动是个体核心的人际互动形式,因而本研究同时考察家庭人际关系中的夫妻关系和亲子关系,探讨工作—家庭界面在这些关系中的作用和影响,将研究从组织领域转入家庭领域的探讨。

再次,从文献综述中可以看出,对工作—家庭界面的作用机制的探讨是研究的另一个重点。目前,资源保存理论和溢出—交叉模型是解释工作—家庭界面作用机制的重要理论。资源保存理论从资源变化的角度解释了工作和家庭之间的相互影响的实质，溢出—交叉模型对工作—家庭界面的作用机制的研究从个体层面拓展到了人际互动的层面。虽然两个理论相对完善和深入，但是对理论中所提到的相关设想的实证研究还相对缺乏。例如，资源保存理论中提到工作—家庭界面的作用实质是通过影响个体的资源变化而发生的，个体资源分为不稳定资源和结构性资源。短期的工作—家庭界面的体验会影响不稳定资源来完成对结果的影响，而长期的工作—家庭界面的感受将会影响个体的稳定性资源，从而造成相应的行为结果发生变化。社会支持对个体而言是一种重要的结构性资源，其在维持个体的工作—家庭平衡中具有重要的作用。尤其对于中国个体而言，社会支持尤其是家庭支持对员工来讲至关重要。因此，本研究将探讨家庭支持在工作—家庭界面影响中的中介机制。此外，从溢出—交叉的整合性模型中可以看出，研究者将社会支持作为重要的影响夫妻婚姻满意度的作用机制，但是目前研究社会支持的中介机制的研究相对偏少。因此，本研究结合这两个理论，将从个体层面和夫妻两个层面中考察家庭支持的中介机制。

对工作—家庭界面的考察的另一个重要的研究问题是探索保护性因素，即何种因素能够缓解工作—家庭之间的双向冲突及其产生的危害，而何种因素又能够促进工作—家庭界面的积极影响作用，提升员工的生活满意度和幸福感。这对采取合适的实践措施和干预措施的制定均有重要的意义。以往对于工作—家庭界面的保护性因素的探讨多集中在环境因素的探讨，如工作制度、工作和家庭环境。近年来，研究越来越关注个体主观的心理和价值信念特征对工作—家庭界面的影响。研究发现，人格、情绪情感特征均能够对工作—家庭界面及其影响造成不同的影响和调节。目前，这类研究尚集中在对大五人格、情绪稳定性等一般的心理特征进行探讨。工作活动和家庭生活是具有高度社会化的活

第3章 问题提出及研究框架

动,一些研究者提出对社会化活动的考察应该结合考虑哪些心理特性是在社会环境中具有更重要的意义。我国是以集体主义文化为主要文化特征的社会,人际关系在社会生活中具有重要的意义。家庭中的人际和谐性在个体的生活系统中占有基础地位。因此,本研究选取了人际关系性有很大关联的观点采择能力,在夫妻中进行考察,探讨其在夫妻层面的工作—家庭界面中的保护性机制。

最后,目前的工作—家庭界面研究越来越关注社会文化价值信念在工作—家庭界面的关系。已有研究提出中国文化情境下员工对工作和家庭的关系认知有其独特的信念特征。一些本土化的研究尝试根据这些理论进行实证探讨,具体围绕着工作相对于家庭的优先性这一特点展开设计和讨论。得出比较一致的结果是,由于个体工作优先性的存在,工作对家庭生活的侵扰不会影响个体的工作态度,个体对工作—家庭冲突的容忍度较高。除去工作优先性的特点,家庭的基础性特点也是工作—家庭关系的重要特点。此外,虽然工作和家庭之间的关系存在等级次序,但是从深层来讲,工作和家庭之间有更为深刻的联结和整体性的特点。那么对于这些理论构想,目前尚未有直接的实证证据支持。因此,本研究尝试对员工工作—家庭本身的界面特征及其对个体和家庭生活的影响,为上述观点寻求相应的实证证据支持。除此之外,工作—家庭界面中的性别角色差异在我国的社会生活价值信念中也是一个突出的特点。由于男性的工作角色显著,而女性的家庭角色显著,这会给工作—家庭界面特征及其影响带来哪些系统性的差异,也值得我们关注。

综上所述,本研究的研究重点主要关注以下四个问题。

首先,目前,员工的工作—家庭界面关系的整体状况如何?有哪些特点?根据不同的特点可以分为哪些类别?

其次，员工不同的工作—家庭界面对个体的工作满意度和生活满意度有哪些影响？这些影响的作用机制是什么？

再次，双职工夫妻的工作—家庭界面对彼此的影响如何？作用机制又如何？观点采择能力是否是双职工工作—家庭平衡的一个保护性因素？

最后，双职工夫妻不同工作—家庭界面关系对其子女的家庭感受存在怎样的影响？这些影响是否会导致其随后的问题行为——网络成瘾的出现？

3.2 总体研究思路和设计框架

为回答上述问题，本研究共分为五个研究，其中包括一个预研究和研究三中的两个子研究。先从员工的工作—家庭界面的整体特征出发，探讨员工的工作—家庭界面的结构的潜在类别，接着研究讨论不同的工作—家庭界面的特征对个体满意度及家庭生活质量的影响，并探讨其中的影响机制。研究还对夫妻之间的工作—家庭界面的保护性因素进行了探讨。为保证对问题探讨的丰富性和完整性，研究视角从以个体为中心到以变量为中心，研究样本从个体层面到夫妻、亲子人际互动，研究方法采用访谈法、横向研究、纵向研究、成对研究、匹配研究等多种分析方法。

预研究通过访谈法对某大型制造企业 30 名一线员工进行个体和团体半结构化访谈，对员工的工作和家庭生活现状进行深入了解，提出研究关注点。

研究一结合以"人为中心"的研究思想和分类学的研究方法，对 1486 名员工的工作—家庭界面的四个维度得分进行潜在剖面分析，对不同类别的工作—

第3章　问题提出及研究框架

家庭界面模式进行比较，分析其特征及可能造成的影响。

研究二以变量为中心的研究思路，探讨不同工作—家庭界面维度对个体的工作和生活满意度的影响，探讨家庭支持在其中的中介作用，并对研究一的研究结果做出更进一步的解释。

研究三分为两个子研究，研究从个体层面扩展到家庭夫妻层面。子研究一同时考察双职工夫妻的工作—家庭冲突和增益对婚姻满意度的影响，并考察家庭支持在其中的中介作用。子研究二进一步探讨夫妻观点采择能力在工作—家庭平衡中的保护性作用。

研究四重点关注父母的工作—家庭关系对青少年子女的家庭亲密度及网络成瘾的影响。研究四在研究三的基础上，继续探索工作—家庭关系的人际影响，并将夫妻层面的影响拓展到夫妻和子女之间的交叉互动模式的探讨。在此理论构想下，本研究选取中学生双职工家庭进行探索，并同时对父母和孩子进行调查，既对夫妻之间的相互影响做出分析，又对亲子之间的影响做出分析，这对青少年阶段父母工作对家庭影响的系统性分析具有重要的现实和理论意义。首先，中学生处于青春期的关键发展时期，不仅要面临成长发育中的新挑战，而且此前积累的问题也会在此阶段爆发。因此，要求父母和家庭付出更多的精力帮其顺利度过这一时期。而此时他们的父母大多都处在中年，是其事业发展和上升的重要时期，所以他们会面临更复杂的工作和家庭环境和需求。因此，系统地探讨此阶段工作对家庭的影响是对工作—家庭研究主题的深刻拓展。

整个研究以中国社会文化及现实为出发点，考虑到选取社会文化背景中探讨员工的工作—家庭界面特点及其影响模式，并着重对其影响机制进行探讨。

本研究对工作—家庭的热点研究问题进行了探索和讨论，并对相关理论做了一定的整合与推进，丰富了工作—家庭界面的研究内容和主题，具有一定的理论和现实意义。具体的研究框架如图3.1所示，具体研究内容见表3.1。

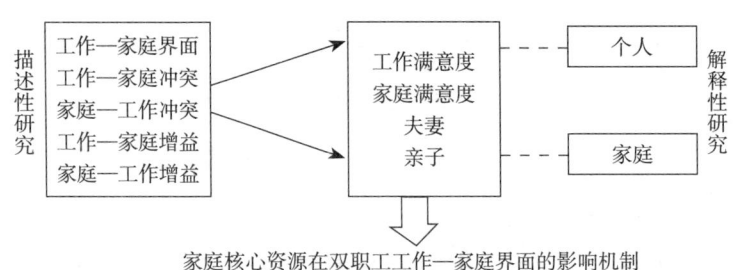

图 3.1　研究框架图

表 3.1　研究内容以及步骤表

研究步骤	研究内容	研究方法	被试
预研究	员工工作和家庭状况及其影响访谈	半结构化访谈	30名员工
研究一	员工工作—家庭界面模式分析	问卷调查（以个人为中心）	1478名员工
研究二	工作—家庭界面对工作、家庭满意度的影响研究	问卷调查（纵向研究）	149名员工
研究三	双职工工作—家庭冲突、增益对婚姻满意度的影响机制研究	问卷调查（成对研究）	292对双职工夫妻
研究三	双职工夫妻工作—家庭界面的人际保护性资源探讨	问卷调查（成对分析）	292对双职工夫妻
研究四	父母工作—家庭冲突、增益对子女家庭亲密度及网络成瘾的影响	问卷调查（系统研究）	292对双职工夫妻与其子女

第 4 章 预研究：企业员工工作—家庭界面特点访谈研究

4.1 研究目的

通过对文献的梳理发现，目前在对中国员工的工作—家庭界面的研究中，专门针对普通员工工作—家庭界面现状的研究相对较少。本书通过对某大型重工企业的一线员工进行访谈，深入了解企业员工的工作现状、家庭现状和工作与家庭相互作用的模式，以及不同的工作—家庭作用关系会对个体以及家庭带来哪些影响，并且尝试了解个体怎样应对工作和家庭之间的事务和由此产生的压力，为进一步的实证研究提供方向。

4.2 问题提出

根据对已有工作—家庭研究的文献梳理发现，工作和家庭是现代个体需要面对的主要生活领域,尤其对于城市的双职工群体,工作和家庭之间的相互作用更为紧密。已有的研究表明,员工所感知到的来自工作和家庭的压力或支持都会使工作—家庭界面表现出不同的特征,而这种特征会影响个体自身的状态,同时也会影响自己身边的家人,甚至家庭生活。

有研究认为,在中国员工的心目中,工作和家庭之间关系的联结较为密切。员工会将精力投入事业的发展中去,这点在男性员工身上尤其明显。进一步分析可以发现,个体对工作的优先发展建立在家庭对于个体工作支持的基础之上。由于家族主义文化的影响,家庭会全力支持个体的事业发展,这种支持感不仅体现在核心家庭成员之间的相互支持上,而且还体现在整个"大"家庭的支持上,尤其是父母对于子女事业发展的支持。员工会尽量减少家庭的事务对于工作的影响。

虽然已有相关研究围绕上述的论题展开研究和论证,但是对于普通员工的工作现状、家庭现状,以及员工如何评价自己目前工作和家庭之间的影响关系,如何应对工作和家庭之间的压力,维持平衡等问题的了解并不深入。本书采用质性访谈的方法,围绕上述问题,深入了解员工的工作—家庭的现状,以及工作和家庭之间的关系的价值信念,为现有的理论和研究提供一定的实证证据。

4.3 研究方法

4.3.1 研究设计

本节采用半结构式访谈的方法对重工企业中的 40 名一线生产工人进行访

谈。访谈分为个体访谈和团体访谈两种形式。个体访谈的时间为每人40分钟左右。团体访谈的时间为每组一个半小时，每组团体访谈的人数为6~8人。访谈围绕工作—家庭关系及其影响模式的主题设计问题，允许员工围绕相应的问题发表自己的观点并展开相应的讨论。访谈员根据受访者在回答问题中所出现的关键信息进行追问，对原有设计问题进行补充。

4.3.2 被试

被试全部是来自一线的基层生产员工，受访员工来自不同的生产部门，从事不同的生产工种。被试的工龄在10~15年左右，男女比例均衡。其中，男员工22名，女员工18名。每周的工作时间在40~50个小时。员工的上班性质分为倒班制和正常班制，其中倒班工25名，不倒班工15名。

4.3.3 研究过程

针对以往的研究资料和文献形成访谈提纲和问题，围绕工作压力、工作对家庭的侵扰程度，家庭压力，家庭对工作的侵扰程度，工作—家庭双向冲突对个人及家庭的影响，以及个人及家庭的应对方式，获得支持的来源，工作和家庭的促进程度等关键词，有针对性地设计了访谈的提纲和问题。访谈由两位受过训练的心理学研究生完成，一位为主要访谈者，另一位为记录员。访谈开始后，主访者根据之前设计的访谈提纲和问题对受访者进行提问，记录员负责记录受访者的回答内容及其情绪反应等。主访人员除了按照访谈提纲上的既定问题进行提问之外，还会根据受访者对问题的回答内容进行追问和讨论，以期获得更真实和全面的信息。

所有访谈资料均采用现场记录的形式获得，并在征得对方同意之后进行了录音。访谈结束后，将现场记录的材料和录音材料进行整理编码，并对编码结果围绕研究问题进行归纳总结。

4.4 研究结果

根据对编码信息的整理，围绕研究问题，对该企业员工的工作—家庭关系的现状及特点归纳出以下三个方面的内容。

4.4.1 工作压力大，工作—家庭冲突感明显

在对员工访谈的过程中，员工普遍反映工作压力偏大。这种压力来自工作负荷比较大，工作时间内工作量大、要求高。对于一线负责生产的员工而言，这种工作压力更明显。工作压力的影响直接反映在对个体身体健康和心理健康的影响上，并会随之迁移到家庭生活中去。

首先，休息时间短，休息不好。休息时间短身体会出现应激反应，血压高、失眠、抵抗力下降、过敏、上火、内分泌失调、神经衰弱、脾气暴躁、焦虑，甚至出现有员工猝死的情况。一线员工平均年龄在45岁左右，不规律的工作和生活作息更容易给身体带来耗竭并导致疾病。这一点在工作尽职的员工身上体现得更明显。此外，周围同事身患疾病也会在同事之间造成恐慌和负面情绪渲染。

第4章 预研究：企业员工工作—家庭界面特点访谈研究

其次，没有时间照看孩子和老人，甚至连爱人也没有什么机会见到。与家人缺乏沟通会引发各种家庭问题。尤其是夫妻双方都是双职工的家庭，即丈夫和妻子均为一线员工，均有比较繁重的工作。平时互动机会减少，家庭问题严峻。

最后，由于工作疲惫，许多员工表示下班就需要休息，感觉没有多余的精力顾及其他，更没有机会和兴趣出去散心、参加公司或自发组织的活动，没有时间学习或者与朋友联系，这些更造成自我的封闭。因此，冲突感不仅仅限于工作对家庭的影响，还有对自身生活休闲的影响。

（女员工，技术工种，38岁）希望工作时间少些，希望有更多时间陪陪家人和孩子。工作又不能请假，不工作又没钱养家。我觉得非常愧对家人、父母、孩子，很为难，有段时间真快崩溃了。要同时做好子女、父母和工人很不容易。尤其现在孩子又在青春期，明知道需要耐心沟通，但还是忍不住和他发脾气，感觉现在他有什么事情都愿意和我说。真是操心。

（男员工，技术工种，42岁）工作要求很高，一天工作下来有时候连话都不想说了，就想赶紧休息。家里人有什么事想和我商量，我都没有精力去处理。虽然明知道家里的事也有我的责任，但就是没有那个心情，有时候还不能抑制，觉得生活很烦，这样长久下去，肯定会影响家庭的和谐和婚姻生活。

（女员工，一线工人，36岁）看见周围的男同事30多岁老加班，他们的妻子就不理解。挣的钱又少。

最后，大部分受访员工称，虽然工作很辛苦，压力又大，并且为此失去了很多同家人在一起的时间和机会，但是仍然不想失去这份工作，从本心上来讲，还是想把这份工作干好。毕竟工作可以提供相应的物质回报，这对家庭来讲还是非常重要的。有些员工还表示，现在社会压力普遍较大，不仅自己是这样，社会中大部分人都是这样，压力大是常态，但是为了家人尤其是孩子能生活得好一点也只能这样了。

（女员工，技术工种，42岁）虽然工作确实很辛苦，有这样或者那样的问题，但是和十几年前相比，现在总体说各方面都有提升，我知足。

（男员工，技术工种，班长，40岁）虽然抱怨了这么多公司的不足，但是我从心里还是很爱公司的，心里总是想它能够发展得更好，给员工多一些福利。毕竟公司好了大家才能好。

4.4.2 组织提供员工的支持资源相对偏少，工作—家庭增益不足

当访谈问及员工组织是否能够提供相应的支持来改善员工的生活并惠及家庭时，员工普遍反映这一方面的优惠政策偏少，这也是造成员工对组织不满的原因之一。员工对问题的回答，总结下来，有以下四点。

首先，从物质回报上来讲，工人普遍反映工资偏低，不能够满足自己的预期。物质收入是员工最关心的工作福利，是提升员工生活质量的直接手段。在繁重的工作任务和高工作要求下，员工期望自己能够获得更多的物质回报。尤其对

于青中年员工来讲，随着社会的发展，他们的生活需求也在不断提升，这一点显得尤为重要。另外，普通员工和领导之间的收入差距过大也是员工产生心理落差的主要原因之一。

（男员工，一线工人，班长）现在主要感觉是收入跟不上物价的上涨，这一方面是因为基础工资比较低，更重要的是奖励机制跟不上。2011年的薪酬改革，岗位工资改成岗位薪酬。激励方式差不多，但是细节变得欠缺了。之前岗位的薪酬划分比较精细，每进一级在工资上都有体现。但是，现在你干多干少都没有多少差异，收入变得一样了，大家就都不积极了。现在都是纵向职位薪酬有增长，而横向没有什么差异。

（男员工，质检中心，员工）公司提供一部分住房安补，按照排房来摇号。可是，到现在还是摇不上房，我都40多岁了。现在虽然有房补，才给1万多元钱，什么都买不了。现在还是和父母挤在一起住，感觉挺对不住家人的。

（男员工，公车中心员工）待遇低，补偿制度十几年都不变，补偿制度之外的辛苦也不给奖励。现在物价飞涨，大家又都想让孩子过好一点的生活，受好一点的教育，可这点收入连孩子培优的钱都不够。

（男员工，化工冶炼部门）主要是干活累，但是收入并没有提高。

（女员工，研究所员工）不同级别的工程师的工资差距并不大，主要是跟领导的工资差距大。

其次，除了收入外，大部分员工感觉组织的制度太过死板，缺乏弹性，大部分员工表示这一点是自己压力的来源之一。例如，上班时间不能处理家里的事情，否则会受到处罚。平时，如果员工家里有事需要请假调休也比较困难，都得自己私下想办法解决。员工希望将休假提到制度上，休息制度放得宽一些，家里有事可以请假。一部分女职工反映，单位对女职工的支持政策偏少，尤其是一些年轻的女性，孩子比较小，需要更多地给予照顾和关怀，但是单位又不允许自己这么做。一些员工提出目前最为需要的是，公司能在子女教育问题上提供一些援助和帮助。

（男员工，技术工人，班长，42岁）假如工作时不让使用手机，那么就没办法联系家人，家里有事也不能及时通知自己。制度比较死板，弹性比较少。例如，刷卡出去了，15分钟必须回来，否则就算早退。

（女员工，验货员，38岁）上班接送不了孩子，还要多花钱找人去接孩子。希望时间能错开，可以中午不休息，下午早点走去接孩子。

（男员工，技术工，段长，42岁）最近产假又改为6个月，之前是3年，这应该改回来。

再次，大部分员工认为，公司对于员工家庭及生活支持很重要，体现了公司对员工的关爱和人文关怀。公司目前有一些福利政策，组织了一些活动让职工可以舒缓压力、促进团结。例如，有的部门成立了登山协会、户外运动协会等，既让员工锻炼了身体，也提升了他们的生活质量，促进了员工与家人之间的感情。另外，领导支持也被认为是一个很重要的支持来源，领导和工会的关怀让员工感到受到了重视，如生日送蛋糕；生病时的关怀和慰问；家里发生不幸事后，单位所提供的一些援助；孩子中考关怀；等等。

第4章 预研究：企业员工工作—家庭界面特点访谈研究

（男员工，工会，42岁）对于生病或者有困难的家庭，工会都会积极地组织去看望和帮助。对于普通员工来说，领导的慰问也是一个特别大的安慰。

（女员工，普通员工，35岁）特别喜欢部门组织的登山协会，每个月都要参加活动，有时会带孩子一起去，感觉既锻炼了身体又促进了人际交流，还可以写游记、学习摄影……很好，很开心。

最后，员工在访谈中还表示，组织对员工的生活关怀，还应体现在对员工的健康和个人成长的关怀上。从访谈资料的分析中可以看出，大部分员工都提到了对自己身体健康的关注，也表示自己的同事中出现身体健康问题的人数越来越多，这对大家有一种警示作用。因此，他们希望公司的体检项目应越来越细化，而且最好能提供一些健康方面的知识。

一些年轻的员工在访谈的过程中还提到，对组织开设的一些培训课程很感兴趣，希望能够在提升技能的同时拓宽眼界等，并希望此类福利以后能够多增加一些。另外，员工还表示了对于休闲娱乐的需要，工作任务本身比较繁重，如果能够多一些娱乐活动将使自己的身心得到恢复，提高积极的情绪和感受。例如，多发一些电影票、公园卡、体育场所的门票等，这样可以和家人、同事一起娱乐放松。

（男员工，运保中心，48岁）去年12月1日有个班长去世了，终年51岁，他患的是肿瘤。他得病2年多，经过各种治疗，可半年就复发了。我参加他的葬礼之后就感觉难受，感觉自己无能为力。去年9月有个组员肾衰竭，现在在做透析,爱人没有工作,孩子还小。他压力比较大,脸色特别不好。有个女同志41岁,肺癌晚期。去年6月健康体检还没事,9月职业病体检发现胸腔积液,不到2个月就这样了。看到自己的同事这样,我感觉很难受,也觉得压力大,希望组织能够重视这一块。

(女员工,热力厂,30岁)需要提供学习空间。有机会参加培训,希望能够再多一些这样的机会,同时也希望获得一些其他方面的成长。

在整理这一部分访谈时发现,组织对员工的支持能够在很大程度上改善员工的工作和生活状态。对员工支持比较高的部门的受访员工的积极性心理状态,表达多于对员工支持比较低的部门;而得到组织支持比较少的员工则会表露更多的抱怨情绪,家庭问题也相对较多一些。这一点在团体访谈中表现得更明显,团体访谈中积极情绪会渲染得更积极,而消极的团体会暴露出更多的消极情绪。

4.4.3 家庭的支持性和基础性

在谈及家庭生活对自己工作的影响时,大部分员工认为家庭对自己工作都是支持的,尽管工作会在一定程度上影响家庭生活;有些时候家人也会表示不满和抱怨,但是支持和理解的时候居多。对于夫妻双方都在一个单位上班的员工来讲,这一点体现得尤为明显,双方比较清楚彼此的工作性质,因此也更能理解彼此的处境,会提供更多的支持。在受访员工中,大部分员工表示配偶对自己的理解和支持对自己的工作有非常大的影响,同时也会对配偶有更多的感

第4章 预研究：企业员工工作—家庭界面特点访谈研究

激之情。除了配偶的支持之外，父母的支持对于员工安心工作也具有很重要的影响。很多员工表示，老人除了帮助带孩子之外，还会提供经济上的支持及其他社会人际关系的支持。大部分父母在退休后都会选择照顾自己子女的生活。父母的支持为缓解员工的工作和家庭压力起到了很大的作用。

（男员工，一线工人，40岁）家人对我的工作是支持的，平时上班没有时间照顾家的时候也都能和妻子协商。有时候也感到无奈，毕竟这么多年了，但还是特别感谢妻子。要是没有妻子的理解，也不可能专心干工作，感觉还是她付出得多一些。

（女员工，一线员工，38岁）。我的工作需要倒班，老公还是很支持我的工作的；他和我是同行，但是不需要倒班。我因为工作昼夜颠倒，有时候脾气会不好，他还是挺包容我的，还会照顾孩子、承担家务等。现在孩子反而愿意和他沟通。

（男员工，运保中心班组长，40岁）孩子小的时候是老人带的，现在老人还在帮忙照顾孩子，我没有时间接送孩子、给孩子做饭的时候，都是老人来负责。

（男员工，一线员工，37岁）现在房价这么高，挣的工资根本不能承担房价，所以我现在还是和父母挤在一起居住。

（女员工，一线员工，35岁）现在生活成本这么高，尤其是养一个孩子，压力非常大，自己挣的那点钱根本不够花，所以我现在还是在"啃老"，老人每个月还得贴补一些钱给我们。我想想也挺惭愧的，对不起父母的地方太多，但也很无奈。

在问及家里有什么样的事情能够影响工作生活时,大部分受访员工表示,一般很少因为家庭的事情影响自己的工作。家里有什么困难,自己克服一下,还是尽量去完成工作任务,不会影响自己的工作状态。但是也有员工表示,有一些家庭问题是会影响工作的,对这些内容进行统计,发现这类问题大概集中在两个主要方面:一是当配偶对自己的工作抱怨太多的时候;二是孩子在成长过程中遇到问题的时候。这些问题存在时间长了就觉得工作也没意思了,生活质量也受到很大的影响。

(男员工,一线工人,42岁)一般没什么事能影响我的工作。但是最近我女儿到了青春期,特别不听话,叛逆情绪严重,我是父亲也不能说得太狠,但是她妈妈一管,女儿就和她妈妈顶嘴,你说我看着能不起急吗?有几次家里闹得厉害,我上班都没精神,老是想她这些事。也不知道是不是过一段时间就能好。谁不希望孩子好,你说是吧?

(男员工,一线员工,35岁)现在工人在社会上的地位很低,一般都找不到什么好老婆。前几年还能找到老师啊、医生啊这样的,现在人家一听说你是工人,都不想和你在一起。我老婆也经常抱怨我挣得少,啥都买不起。工作又累,顾不上家里的事情,弄得我也挺心烦。但人家说的也是事实,咱还有啥好说的。

4.5 讨论

半结构化访谈的质性研究方法有助于对研究问题进行深入了解,从访谈者对问题的回答中,我们可以进行有意义的追问和信息挖掘,也能够关注到员工讲述时的情绪变化。这也是质性访谈研究不同于量化研究的一个优势所在。尤其是想要深入了解一个群体对某一个问题的看法,和一个群体的某种心理结构时,这种方法相对适用。整理上述访谈资料后我们发现,通过对40名一线工人的访谈,在对员工的工作现状和家庭生活现状、工作及家庭的相互作用有一个较为全面的了解之后,可为下一步的实证研究提供方向。

首先,正如本研究所预期的一样,员工的工作和家庭之间的联结较为紧密,员工所体会到的工作压力和工作支持都会交叉影响员工的家庭生活。从受访的员工的回应可以看出,工作压力所带来的工作和生活之间的冲突已经成为员工的一个主要的压力源。无论是在时间上还是精力上都会造成冲突感,这也符合以往对工作—家庭冲突的研究结果。但是即便如此,甚至在工作已经对自己的生活带来较明显的负面影响时,员工仍然有较高的组织承诺感。相反,受访员工普遍反映家庭对自己的工作具有较大的支持和促进作用,不论是情感上还是工具上都有较多付出。可见,员工所获得的家庭支持是保证工作顺利的重要资源。其中,夫妻之间的相互理解和陪伴,以及父母的帮助,都是有效地缓解个体的冲突感的两个重要因素。这种结果印证了前文对员工工作和家庭之间的关系的论证。

其次,从访谈中我们可以看到,员工普遍反映自己从组织得到的回报和支持相对有限,无论是从经济上还是其他对个体家庭生活的支持上来讲,都是处于相对缺乏的状态，不能够满足员工的总体期望。此外，相对于工作支持资源缺乏的员工来讲，获得了工作支持员工总体的工作和家庭生活都会有极大的促进。通过访谈，我们也发现了员工对于组织支持资源的渴求，物质回报虽然是员工较为关注的，其他非物质方面的需求也是员工的需求重点，既包括对弹性工作制度、领导支持的需求，同时也有对休闲娱乐、自我提升及健康信息的需求。这种结果也反映了当前对于组织支持的热点研究主题——弹性边界、支持型主管及恢复体验等（Sonnentag, Bayer, 2005; Sonnentag, Binnewies, Mojza, 2008）。这提示我们，在今后的研究中，应该重视对员工提供相应的工作支持，以及提供的方式和作用模式的研究。

最后，访谈中显示了困扰员工的家庭对工作的基础性地位不仅仅体现在支持的方面，如一旦家庭发生问题，也会干扰员工的工作状态，虽然这是员工极力避免的状况。对访谈资料的总结发现，对子女的教育问题是影响员工状态的首要因素，中国父母都高度重视孩子的教育及发展，因而在今后的研究中应考虑对员工和子女的关系这一方面。

综上所述，本研究结果可以为下述研究提供如下的思路。通过访谈法可以发现员工的工作和家庭之间的关系联结紧密，工作会受到家庭生活的影响，家庭生活也会受工作的影响，配偶一方在工作中所感知到的压力及助益都将通过生活互动传递给另一方；同时，家庭承担着应对工作和生活压力的职责，获得家庭支持是员工维持工作和家庭平衡的一个重要的因素。这一方面提示组织应该重视减轻员工的工作压力，另一方面，也提示研究者在对员工的工作—家庭界面的研究中，要结合员工工作与家庭关系的特点，不仅要探讨工作—家庭界面对个体的影响，而且同时要拓展到对家庭影响的机制和模式的研究。这样不仅有助于组织更好地促进员工的工作，而且同时也有助于提升员工整体的幸福感。

4.6　结论

（1）受访员工的工作压力相对较大，工作对家庭的冲突明显，影响到了员工的生活和幸福感。

（2）组织所提供的助益和支持能够很好地提升员工的工作状态，使员工将之迁移到生活中去，以提升个人生活幸福感和家庭幸福感。

（3）家庭是员工获得支持的主要来源，家庭提供的支持可以维持个体工作的顺利完成，家庭成员之间的理解也是维持工作—家庭平衡的重要因素。虽然家庭对工作的负面侵扰相对较少，可是一旦当家庭不能再支持员工工作时，将会影响个体的整体的生活状态和工作状态。

第 5 章 研究一：员工工作—家庭界面模式特征分析

近年来，对工作—家庭界面的研究采用了更多系统和整体化的视角，倾向综合考虑工作—家庭之间的双向积极和消极的影响。不同的工作—家庭关系的得分组合将会导致不同的工作—家庭界面表现模式。对这种潜在的工作—家庭界面模式的探讨，有助于全面深入地理解某一个员工群体的工作—家庭界面的情况，对理解工作—家庭界面的影响机制和因素有着指导性作用。目前，尚未有研究针对我国社会员工的工作—家庭界面的特点展开分析，那么我国员工的工作—家庭界面可以分为怎样的潜在类型？这些类型可以说明我国员工的工作—家庭现状具有哪些特点？

5.1 研究目的

本研究采用以"人为中心"的研究思想,并结合潜在剖面分析的方法对员工的工作—家庭关系的四个维度进行总体分析,了解中国员工的工作—家庭界面的潜在类别,以及这些类别中个体的工作—家庭界面的四个维度的表现形式,并对这种分布状况体现出的中国社会文化背景中员工工作—家庭信念进行分析。

5.2 问题和假设提出

对已有的工作—家庭界面关系的研究发现,工作—家庭作用关系表现出四个相对稳定和独立的维度结构,即工作—家庭冲突、家庭—工作冲突,工作—家庭增益、家庭—工作增益。其中,从影响出发领域(sending domain)可以分为工作对家庭的影响和家庭对工作的影响;从积极和消极影响来讲,可以分为冲突和增益。以往的研究焦点在于探讨不同维度得分对结果变量的影响,探讨不同变量之间的关系。但有研究者提出对某一人群的工作—家庭界面的研究应从不同界面的表现模式入手,将对员工的工作—家庭的表现模式有更全面的认识。从 Demerouti 和 Geurts 在 2004 年第一次采用以个人为中心的分类学对工作—家庭界面不同维度得分组合的类别进行探讨和研究之后,一些研究开始采用从个体的视角出发,探索不同的工作—家庭界面类型和特征。已有研究发现,不同的社会文化及不同的样本群体中的工作—家庭界面特征和主要模式有差异。目前,还没有针对中国企业员工的工作—家庭模式的探讨。

那么，中国员工的工作—家庭界面表现出怎样的人群特点？四种形式的工作—家庭关系是否均匀地分布在中国员工的生活中？从以上文献综述中可以发现，中国个体的工作和家庭之间的关系有其独特的表现形式，在工作优先性和工作—家庭整体性的价值观念下，中国员工所感受到的工作对家庭的侵扰是否高于家庭对工作的影响？员工所感知到的家庭对工作的促进是否多于工作对家庭的回馈？此外，工作和家庭两个领域所产生的对另外领域的积极和消极影响模式是否也存在不同的表现状况？对工作—家庭的关系的感知，不同性别是否存在差异？

针对上述问题，结合已有的对于工作—家庭界面的分类研究，本研究做出以下假设。

假设1：中国员工群体中存在四种工作—家庭界面类型，包括积极型——高工作—家庭增益（WFE）、家庭—工作增益（FWE）、低工作—家庭冲突（WFC）、家庭—工作冲突（FWC），消极型——高WFC、FWC，低WFE、FWE），活跃型——高WFC、FWC、WFE、FWE）及无影响型——WFC、WFE、FEW、FWC均低）。

另外，在对工作—家庭界面结构探讨中发现，不同的社会文化和群体类型的工作—家庭界面的维度组合形式存在差异。在集体主义社会中，除去上述四种类型之外，还发现了矛盾型的工作—家庭界面类型。此种类型表现为高的工作对家庭的不平衡，但是家庭对工作的平衡。由于我国的社会文化以集体主义文化为主要文化背景，以家族主义文化为基础，重视人际关系和家庭成员之间的联结。因此，本研究假设：

假设2：员工中存在矛盾型的工作—家庭界面类型（高FWE、WFC、低WFE、FWC）。

性别是工作—家庭关系中的重要考察变量，虽然在现代化的社会中，男性和女性均被要求同时承担工作和家庭的角色，但是男性和女性的性别角色特点导致其在对工作—家庭之间的关系的感知上存在差异。西方相当数量的研究探讨了工作—家庭关系中存在的性别差异，结果并不一致，并且多集中在对工作—家庭负面关系的探讨上。结合我国的社会文化背景与现实的社会情况，系统分析性别对工作—家庭关系的影响具有非常重要的理论意义和现实意义。在"男主外，女主内"传统文化思想的影响下，男性承担着养家糊口的义务，因此，男性会报告更多的工作对家庭的促进，同时也存在更多的因事业发展而忽略家庭需求的情况；而女性则通常扮演着对配偶工作支持和谅解的一方，因此女性员工会报告更多的家庭—工作增益，同时也面临着更多家庭对工作的负面侵扰。

假设 3a：男性员工会报告更多的工作—家庭冲突，女性员工将会报告更多的家庭—工作冲突。

假设 3b：男性员工报告更多的工作—家庭增益，女性员工报告更多的家庭—工作增益。

5.3 研究方法

本研究采用问卷调查的方法对大型制造类企业员工进行调查，问卷填答采取统一作答的形式，由主试人员讲解调查目的和填答注意事项，统一发放问卷并进行统一回收。

5.3.1 被试基本信息

本项调查以企业员工心理健康与"援助计划"为背景,对江苏省、上海市和湖北省多地的企业员工进行工作情况和家庭情况的调查。共回收有效的问卷1478份。其中,男性职工名699人,女性职工名774人,系统缺失5人。男性员工的平均年龄为37.6岁(SD=7.8),女性员工的平均年龄为36岁(SD=7.4)。员工每周平均工作时间为44小时。其中,已婚的员工有1365人,未婚82人,离异16人,其他2人。所调查员工学历为本科的有686人,研究生及以上学历为187人,大专、高中及以下学历的人数为572人。本研究对员工的职位、配偶工作情况、是否有18岁以下的孩子、父母是否帮助处理家务等问题进行了调查,基本信息如下:

被试群体基本员工511名,其中,基层管理者187名,中层管理者共166名,高层管理者93人,系统缺失521名。所调查员工大部分为双职工,共有1232名,其中,有18岁以下孩子的员工有990名,有父母照顾家务的员工共有882人。

5.3.2 研究工具

1. 工作—家庭冲突量表

工作—家庭冲突量表采用研究者(Netemeyer, Boles, 1996)编制的工作—家庭冲突问卷。该量表包含工作对家庭的负面侵扰和家庭对工作的负面侵扰,即工作—家庭冲突和家庭—工作冲突两个维度,每个维度有五个条目。例如,"我的工作需求与家庭生活有冲突。""工作占用了我大量的时间,这让我很难尽到家庭的责任。""因为家庭事务占用了我太多时间,工作上的事情总是要推迟。"问卷采用 Likert-5 点设计,1 表示完全不符合,5 表示完全符合。该问卷的有效性在国内也得到了验证(李永鑫,赵娜,2009)。本研究中两个维度的内部一致性系数分别为 0.90 与 0.86,整个问卷的内部一致性系数为 0.90。

2. 工作—家庭增益量表

采用研究者(Wayne,Musisca,Fleeson,2004)编制的工作家庭增益量表,该量表同样也包含工作对家庭的促进和家庭对工作的促进两个方向。每个分量表下有四个条目。例如,"我从事的工作有助于我处理家中的个人问题和实际问题。""我从事的工作使我在家里可以变成一个更加有趣的人。""与家人谈心有助于我处理工作。"问卷采用 Likert-5 点设计,1 表示完全不符合,5 表示完全符合。该问卷的有效性在国内也得到了验证(陈恒盼,2008)。本研究中两个维度的内部一致性系数分别为 0.72、0.77,整个问卷的内部一致性系数为 0.74。

5.3.3 控制变量

从上述被试的情况特点分析,结合以往的研究发现,年龄、是否有 18 岁以下的孩子需要照顾、老人是否帮助处理家务,是影响工作—家庭冲突的重要变量。因此,本研究选取这三个变量作为控制变量。有 18 岁以下孩子的编码为 1,没有编码为 0。有老人帮忙照顾家务的编码为 1,没有老人帮忙照顾家务的编码为 0。在分组之后,对这些控制变量进行分析比较,并在方差分析时将这些变量纳入模型进行分析。

5.3.4 数据统计与分析

本研究的数据采用潜在剖面分析的方法对个体在工作—家庭界面四个维度上的得分状况进行分类。潜在剖面分析是分类测量学中的一种重要的数据分析方法，是用以分析在一个样本群体中是否存在不同的子群体，这些子群体中的反应模式存在一致性。基本的统计思想是用潜在的子样本群体来解释外显指标反应的关联和一致性程度，如图 5.1 所示。具体到本研究而言，将 WFC、FWC、WFE、FWE 各自的平均数同时放入模型中进行分析，使用的分析软件为 MPLUS6.0。

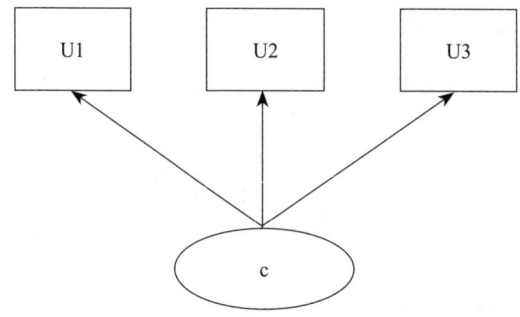

图 5.1　潜在剖面分析示意图 ❶

SPSS22.0 软件与 AMOS22.0 软件用作描述性统计、方差分析、独立样本 t 检验及验证性结构分析。

---

❶ C 为潜在类别变量，U1、U2、U3 为外显变量。

5.4 结果

5.4.1 验证性因素分析与共同方法偏差检验

本研究对问卷的结构维度进行验证性因素分析，工作—家庭关系的四维模型拟合良好，而单维度模型的拟合指标最差，说明研究中不存在明显的共同方法偏差。进一步采用 EFA 做了 Harman 的单因素因子分析，结果表明在未旋转时，共生成四个因子，解释了 65.36% 的变异。第一个因子解释了 24.79% 的方差变异，远小于 Hair 等（1998）推荐的 50% 的判断标准。这说明本研究中的共同方法偏差不显著。

5.4.2 描述性结果分析

对工作—家庭关系得分情况进行描述性统计分析，结果如表 5.2 所示，从工作—家庭关系四个维度得分的平均数可以看出，被试群体在家庭—工作增益维度上得分最高，在家庭—工作冲突维度上得分最低。各个变量之间的相关系数显示，见表 5.2。

表 5.2 工作—家庭界面各维度描述性统计结果

研究变量	平均数（标准差）	全距	WFC	FWC	WFE	FWE
WFC	12.8（4.5）	5~25	1	—	—	—
FWC	10.1（3.9）	5~25	0.60**	1	—	—
WFE	12.7（3.1）	4~20	−0.16	0.04	1	—
FWE	15.4（2.8）	4~20	−0.05	−0.20**	0.41**	1

注：*$p < 0.05$，**$p < 0.01$，***$p < 0.001$。

5.4.3 潜在剖面分析

将被试在 WFC、FWC、WFE、FWE 四个维度得分的总分纳入模型进行潜在剖面分析，分析从分组等于 1 开始建立初始模型，之后逐渐增加类别数目，进行各模型的参数比较，计算适配性，进行适配性的检验，以决定最佳模型。最佳模型的标准包括小的对数概率与 BIC 值和相对高的一致性值。不同分组之间的模型比较由 p 值反映，p 值显著则代表组别增加 1 所带来的模型的改善是显著的。由于本研究样本量较大，因此将 p 值的显著性界定在 $p<0.001$。当 p 值的变化大于 0.001，就认为增加 1 个组别之后的模型改善不显著，因而可以认为上一组别符合最佳的模型适配。本研究假设存在 5 种类别的工作—家庭界面形式，因而理论上应当在分组为 5 组的时候出现最佳的模型适配，但是研究结果显示当分组数为 3 时，p 值已经不显著（p=0.01），并且其中一组的人数已经小于被试总量的 5%。因此，研究认为分组数等于 2 的时候出现了模型的最佳适配。假设 1 得到部分验证。结果如表 5.2 所示。

表 5.2 LPA 分析结果

组别	最大似然值	BIC	熵值	p 值
1	15879	31818	—	—
2	15588	31272	0.68	0.000
3	15451	31035	0.75	0.01

对两组人数进行统计的结果显示，第一组人数占总人数的 59%，N=879，第二组人数占总人数的 41%，N=599 人。两组在工作—家庭界面各维度的得分

如图 5.2 所示。从图中可以看出，第一组员工的 FWE 维度得分最高，WFE 次之，随后是 WFC 和 FWC，符合积极型的工作—家庭界面的特征模式。第 2 组员工的 WFC 得分最高，FWE 与 FWC 次之，WFE 得分最低，符合矛盾型的工作—家庭界面模式，假设 2 得到验证。

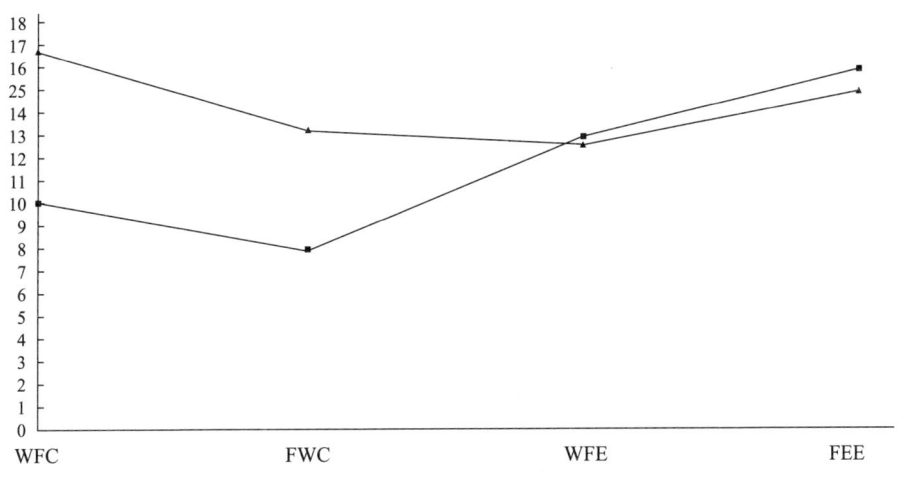

图 5.2　工作—家庭界面 4 维结构剖面分析结果

5.4.4　单因素方差分析及独立样本 t 的检验结果

分别对两个潜在类别的被试的工作—家庭界面维度得分进行分析，使用 SPSS 进行单因素重复测量方差分析，结果如下：首先，球形检验结果显示 p<0.0001，表示个体四个维度得分具有高度的关联性，在之后的分析比较中应注意查看矫正结果，推荐使用的矫正系数为 Greenhouse-Geisse 的矫正结果（邱宏等，2007）。被试内方差分析结果显示，两个组别的被试在工作—家庭关系

的四个维度得分具有显著差异，F（3）=46.4，p<0.001，$\eta2$=0.028，进一步对这四个维度之间的得分进行两两比较，因球形检验的矫正系数 Epsilon<0.7，使用 Bonferroni 比较方法。结果显示，第一个组别个体的 WFC、FWC、WFE、FWE 之间均存在显著性差异，并且得分高低依次为 FWE、WFE、WFC、FWC。

在对第 2 个潜在组别进行分析的时候可以发现，重复测量的方差分析结果不显著，F（3）=2.6，p=0.12，$\eta2$=0.003。在之后进行四个维度均数的两两比较中发现，四个维度之间的差异两两比较的差异显著，这四个维度的得分高低顺序依次为 WFC、FEW、FWC、WFE。

针对两个组别之间的工作—家庭界面的得分进行独立样本 t 检验，结果显示，两组员工在工作—家庭冲突及家庭—工作冲突得分差异显著，积极组显著低于矛盾组。t（1476）= −45.5，p<0.0001；t（1476）= −38.3，p<0.0001。两组员工的家庭—工作增益得分存在显著差异，积极组高于矛盾组，t（1476）=6.8，p<0.0001，两组员工的工作—家庭增益得分不存在显著差异。

性别对工作—家庭关系的影响分析：考察不同性别之间的个体的工作—家庭关系的差异，分别对两个潜在组别的男性和女性的工作—家庭冲突和家庭—工作冲突进行独立样本 t 检验。结果发现，男性的工作—家庭冲突显著高于女性 t（1471）= 4.53，p<0.0001，家庭—工作冲突性别差异不显著，结果部分验证假设 3a。分别对男性和女性的工作—家庭增益和家庭—工作增益进行独立样本 t 检验，结果发现，男性工作—家庭增益和女性的工作—家庭增益之间差异显著，t（1471）= −2.54，p=0.01，但与假设 3b 相反，女性员工的工作—家庭增益高于男性的工作—家庭增益；在对家庭—工作增益的比较中发现，男性员工与女性员工的家庭—工作增益得分差异不显著，假设 3b 没有得到验证。

5.4.5 不同组别被试情况比较

分别对两组被试的人口学信息进行比较，结果发现，三组被试在职位、年龄、婚姻地位、学历和有无 18 岁小孩需要照料方面均没有差异。但是在对两组被试的性别比较发现差异，积极组中的被试的男性和女性的比例为 54.5%：64.6%；在矛盾组中的被试的男性和女性比例为 53.7%：46.3%。对两组的男女比例进行列联表分析，结果显示两组的男女比例存在显著性差异，$\eta2（1）= 15.5$，$p<0.0001$。在对是否有老人帮助家务进行分析时发现，在积极组的有老人帮助处理家务的比例为 57.9%，而在矛盾组中有老人处理家务的人占 53.2%。进行列联表分析，结果显示，两组之间有显著差异，$\eta2（1）= 9.7$，$p=0.04<0.05$。

5.5 讨论

本研究对中国员工的工作—家庭关系的整体情况做出了分析，采用以"人为中心"的分类学研究思路，对工作—家庭界面的四个维度进行潜在剖面分析，结果验证了部分的研究假设。

研究结果显示，本研究所选取的 1478 名城市职工被试的工作—家庭界面得分特点显示出两种潜在结构类型，占大多数类型的员工显示出了高的增益得分和低的冲突得分。另外一种潜在的结构表现出矛盾型的工作—家庭界面特征类型，被试表现出了工作对家庭的消极影响，而家庭对工作存在积极的影响。进一步对两种潜在结构的被试信息进行比较分析发现，两组被试的性别及是否得到双方父母支持这两点存在显著的差异，积极组中女性员工比矛盾组的女性员工更多,并且员工报告了更多的父母支持。这支持了对工作—家庭界面的分类学研究思路的必要性,同其他文化下相一致的是,我国员工也反映出了不同的工作—家庭界面模式。但是,与欧美文化下的研究不同的是,本研究中被试只显示出了两种潜在的工作—家庭界面模式。而没有出现消极型、活跃型及无影响型的结构。这种结果可以从以下几个方面进行分析。

首先,积极型结构的出现表明,所调查员工大多数能够维持工作—家庭平衡,这与大多数研究结果相一致。但是,从具体的得分维度中我们可以看出,员工的家庭—工作增益得分最高,而家庭—工作冲突得分最低。这种结果说明了在积极型的员工中,家庭对工作的促进是重要的资源,个体的家庭相对于工作表现出了宽容和忍耐,个体较少感知到家庭对工作的侵扰,从中我们也可以推论家庭对个体事业发展的支持和贡献是维持工作—家庭平衡的重要资源。

其次,矛盾型是所调查的员工的工作—家庭界面的另一个主要的形式,其主要表现为工作对家庭存在消极影响,而家庭对工作表现出积极的影响。进一步分析发现,这类员工的工作—家庭冲突得分相对较高,工作对家庭的促进较少;相反,家庭对工作的促进较高,但是冲突相对较少。在之前的研究中发现,矛盾型的工作—家庭界面结果会更多地表现在集体主义文化下。这是由于集体主义文化中个体会更多地将精力投入工作中,家庭也会对个体的工作表现出更多的支持。结合前文对中国文化背景下员工工作—家庭信念的分析,矛盾型的工作—家庭界面模式反映了中国文化背景中的工作优先性及家庭的基础性。个体会将工作任务放在相对优先完成的位置,有时会以牺牲家庭生活作为代价。从矛盾型和积极型的被试特点比较中可以发现,矛盾型的员工中男性员工显著多于积极组中的男性员工。这表明男性员工会更多地为事业付出。此外,矛盾

第 5 章 研究一：员工工作—家庭界面模式特征分析

型的员工比积极组的员工报告了更少的父母支持，这可能是其工作—家庭之间双向冲突上升的一个重要原因。尽管如此，在矛盾型界面中，家庭—工作增益仍然远远超过工作—家庭增益。虽然个体会将工作放在优先地位发展，但背后有潜在的条件，认为个体的工作与事业成就能够为家庭的整体发展带来益处。但从目前的分析来看，个体所感知到的工作所带来对家庭的负面侵扰显著高于工作能给家庭带来的益处；而从长远工作—家庭发展的视角来看，这为个体维持工作和家庭之间的平衡带来了隐患。

性别是工作—家庭关系研究中重要的影响和考量因素，由于男性和女性在社会分工和性别角色方面的差异，男性与女性之间的工作和家庭之间的关系感受有所不同。尤其在我国社会文化背景下，即使大部分家庭都是双职工的模式，"男主外、女主内"的思想观念依然对现代的家庭产生着影响。男性背负着更多事业成就的目标和期望，将更多的精力投入事业的发展和奋斗之中，进而会对其家庭角色的完成带来更多的困扰。因此，男性的工作—家庭冲突高于女性，工作优先性的特征在男性身上会表现得更加突出。这之前对中国员工工作—家庭冲突的性别差异分析结果相一致（谢菊兰，马红宇，2014）。在考察工作—家庭积极影响的维度时发现，女性的工作—家庭增益比男性的工作—家庭增益得分显著，这与我们之前的假设相反。这可能是由于组织在制定亲家庭政策时更为关注女性员工，之前也有研究表明，女性员工会更好地利用组织中的亲家庭政策。另外，在随后的研究访谈中，大部分女性认为工作是自己生活中非常重要的一部分，除了经济的供养之外，更多的是使自己的自信和人际交往能力得到提升，能够更多地赢得家人的尊重，使自己在家中的地位有所提升。相反，由于男性员工对于工作角色的期待较高，因而从主观角度来讲，会感到自己的工作对家庭生活的促进程度不够，这可能是女性报告更多工作—家庭增益的原因。

近年来，采用以"人为中心"和分类学的思想来探讨工作—家庭界面结果模式，逐渐成为理解员工工作—家庭界面的重要思路。从员工所反映出的工作—家庭界面的潜在结构，可以对员工的工作—家庭之间的关系现状有更深入的认识。研究结果反映出了员工的工作—家庭界面特点。虽然大部分员工可以维持工作—家庭界面平衡，但这种平衡的助力资源主要来自家庭领域的促进和支持。李贵卿（2014）在文章中提到，中国个体的家族文化体现在工作—家庭关系中最明显的特点是家人会对个体的工作给予全力支持，尤其是父母对于子女事业发展的支持。费孝通先生认为，中国父母将子女看成自己的一部分，认为子女比自身还重要，因而会在子女的发展上投入更多的精力。当今，劳动力市场由独生子女构成，父母有更多的精力照顾子女的家庭生活，如承担照顾小孩、做家务等工作，这也有限地缓解了个体的家庭—工作冲突，提升了个体的家庭—工作增益感受。本研究虽然没有出现消极型的工作—家庭界面模式，但是我们可以看到在矛盾型的界面模式中，工作—家庭冲突是一个显著的压力源。虽然个体的家庭—工作增益仍然有相对高的得分，但相比起积极型的工作—家庭界面模式，其家庭—工作增益得分有显著性降低，家庭—工作冲突有显著性的增加。这可能会导致工作和家庭之间的不平衡状态。同时，调查样本中的员工所报告的工作—家庭增益在本研究中也表现出了相对不足的趋势，这可能是由于本研究的抽样群体大部分来自基层员工，研究中对部分员工进行了访谈，大家均表示其工作压力相对较大，而对自己的收入及其他福利资源都相对较少，因而感觉无法很好地迁移到家庭中去，使整个家庭共享由其工作所带来的潜在好处。这提示我们，在今后的实践时，要注意将目光放在如何增加个体的工作—家庭增益和减少工作对家庭的负面侵扰上。

5.6 结论

（1）调查员工的工作—家庭界面表现出两个较为显著的结构模式：积极型和矛盾型。积极型员工表现出高的家庭—工作增益和工作—家庭增益，以及低的工作—家庭冲突和家庭—工作冲突。矛盾型员工表现出高的工作—家庭冲突和低工作—家庭增益，以及高的家庭—工作增益和低的家庭—工作冲突。

（2）积极型员工中的女性员工的比例高于矛盾型员工中的女性比例。同时，积极型员工报告了更多的父母对家庭的支持。

（3）个体在工作—家庭关系的得分上也表现出了性别差异。其中，男性报告了更多的工作—家庭冲突，而女性则比男性报告了更多的工作—家庭增益。

第 6 章 研究二：工作—家庭关系对个体工作和家庭满意度的影响机制研究

　　研究一探讨了我国员工的工作—家庭界面模式的特点，并发现了积极型和矛盾型的工作—家庭界面类型。从研究二开始，我们着重关注矛盾型员工的不同的工作—家庭界面维度会对个体行为结果产生怎样的影响。已有研究中工作—家庭界面对行为结果的影响研究结果并不一致。目前，领域内直接影响和领域间交叉影响是两种主要的影响模式。研究者认为，影响模式的差异受到社会文化信念价值的影响。例如，研究者发现，在中国文化背景下，工作—家庭界面对行为结果的影响更支持交叉影响模式，个体的工作—家庭冲突不会影响工作满意度，但是家庭—工作冲突会影响到工作满意度。从总体的研究上来看，研究结论还是存在很多不一致之处。究其原因，是已有研究没有考虑被试样本在工作—家庭界面体验上存在不同的体验模式，选取特定类别的工作—家庭界面模式的员工进行探讨，将为回答上述问题提供更为准确和有效的回答。

第6章 研究二：工作—家庭关系对个体工作和家庭满意度的影响机制研究

6.1 研究目的

研究二探讨矛盾型员工的工作—家庭界面的不同维度对个体工作和家庭满意度的影响。研究采用纵向设计的研究思路，在两个时间点对同一批研究被试进行测试，时间间隔为三个月，分别探讨个体时间1的工作—家庭状况对时间2的工作结果变量和家庭结果变量的影响及其机制，并且探讨个体时间1工作—家庭的状况对时间2的工作—家庭状况的动态影响，以期进一步厘清员工的工作和家庭之间关系的信念特点及其对行为结果的影响。

6.2 问题和假设提出

研究一对个体的工作—家庭界面模式做出了整体性的描述和分析，结果说明了员工的工作—家庭界面的现状。这种现状反映出员工工作和家庭之间的紧密联结，并且员工从家庭获得的支持资源是维持工作和家庭平衡的重要资源。基于研究一的研究结果，从研究二开始，进一步分析工作—家庭界面不同维度对个体工作态度和家庭态度的影响及其工作—家庭界面维度动态变化。以往研究表明，工作—家庭不同的作用关系将对个体的工作行为和家庭行为造成不同的影响。在对行为结果影响模式的探讨中，发现了两种不同的理论模型，领域内直接影响模型及领域间交叉影响模型。目前，西方个体主义文化背景下的研究结果更倾向于支持领域内的直接影响模型，即对行为结果的影响取决于工作—家庭关系产生的发出领域，由工作而导致的工作—家庭关系的变化将更多地导致和个体工作相关的行为结果变量产生变化，由家庭而导致的工作—家庭关系的变化将更多地导致个体家庭相关行为的变化（Peeters，Ten Brummelhuis，Van Steenbergen，2013），而在东方文化下的研究结果表现出对交叉模型的支持。例如，通过对中国、美国员工的工作—家庭双向冲突对工作满意度的影响中发现，与美国个体不同，中国个体的工作—家庭冲突对工作满意度没有显著的预测作用，而家庭—工作冲突和工作满意度呈显著负相关；在对新加坡员工的研究中也发现了类似的结果，即个体的家庭—工作冲突可以预测其工作满意度的降低。李永鑫等人（2009）的研究发现，中国员工的家庭—工作冲突比工作—家庭冲突对离职意向的预测更显著。张勉等人（2012）对直接模型和交叉模型在中层管理者中进行考察。研究发现，被试群体的研究结果更为支持交叉影响模型，而不是直接影响模型，研究分别考察双向工作—家庭冲突对个体的工作满意度、离职意向和组织承诺个体的工作—家庭冲突对工作满意度没有显著的预测作用，但是对生活满意度具有显著的负向预测作用，而家庭—工作冲突可以负向预测个体的工作满意度。

对这种影响模式差异性的出现，研究者尝试从中（东）、西方对于工作—家庭关系的文化差异进行解释，认为东方文化下对于交叉模型的支持反映了个体工作优先性的信念，同时反映了家庭的基础地位。交叉模型虽然能够部分反映出中国个体工作—家庭的关系对行为结果的影响模式，但是以往研究限于考察双向冲突对工作结果的影响，而工作—家庭关系不仅只存在负面影响，同时存在相互之间的积极促进作用。工作—家庭积极关系对工作和家庭行为结果的影响是否存在不同的影响模式？此外，从结果变量的角度来看，以往研究仅考察了个体的工作行为结果，而涉及家庭行为结果变量的研究非常稀少，那么不

第6章 研究二：工作—家庭关系对个体工作和家庭满意度的影响机制研究

同工作—家庭关系对于个体家庭行为结果的影响是否也符合交叉影响模式？研究者（Lu et al., 2014）采用纵向研究方法考察了中国 MBA 学员的工作—家庭双向冲突和工作—家庭双向增益对工作满意度和家庭满意度的影响。结果发现，员工的工作—家庭界面特征对工作满意度和家庭满意度的影响，既对工作满意度有预测，又对家庭满意度造成影响。这说明，中国工作—家庭界面对于员工的行为结果的影响可能存在更为复杂的影响模式。在以往研究的基础上，本研究选取考察普通的基层企业员工，综合考虑工作—家庭双向冲突和双向增益对工作满意度和家庭满意度的影响。在工作—家庭主题的研究中，越来越多的研究者鼓励研究应多使用纵向研究的方法。这一方面可以避免横向研究对于预测作用的弱解释力；另一方面，可以反映个体工作—家庭关系及随后的行为结果随时间变化的动态特性。

在对以往研究分析的基础之上，我们可以发现一些较为稳定的研究结果，即个体的工作—家庭冲突不会对其工作满意度造成影响，个体工作—家庭冲突虽然不会影响其工作上的表现，但由于时间和精力的投入，会使其没有过多的资源投入到家庭生活中去，导致其家庭行为和家庭满意度下降。因此，研究进行了以下假设。

假设 1：个体时间 1 所经历的工作—家庭冲突会对时间 2 的家庭满意度起到负向的预测作用，而不会影响其工作满意度。

与此同时，以往研究也较为稳定地发现当个体的家庭侵扰到工作时，常常会对个体的工作行为造成影响。这体现了个体家庭地位的基础性。根据资源保存理论，个体通常会将自己所拥有的基础性易得资源进行投资，以实现自己更高的目标，但当基层资源受到损失之后，也会影响其继续对高层目标的追求行为。

假设 2a：员工时间 1 所经历的家庭—工作冲突会对时间 2 的工作满意度造成负面影响。

假设 2b：员工时间 1 所经历的家庭—工作增益会对时间 2 的工作满意度有正向的预测作用。

在对中国个体工作—家庭关系的价值信念的分析中，我们还可以看出，虽然工作相对于家庭具有优先性，家庭作为基础资源会支持个体的事业发展和工作的完成，但是这种现象的背后潜藏着个体事业发展和成功对整个家族发展的重要性，因而当个体的工作能够为家庭发展带来益处时，将会提升个体的家庭满意度。

假设 3：个体时间 1 的工作—家庭增益对个体时间就 2 的家庭满意度有积极的预测作用。

工作—家庭界面对个体工作行为及家庭行为的影响机制的探索，是研究者关心的一个重要问题。不同的工作—家庭关系究竟是如何影响到其行为表现的，这其中的介导机制又是什么？以往研究围绕这个问题进行了探讨，研究集中在探讨情绪、情感在其中的中介作用。例如，研究发现，工作—家庭冲突会引起抑郁、沮丧及耗竭感等负面情绪，进而影响个体的行为表现；工作—家庭增益则会使个体产生积极的情绪体验，从而提升其行为表现。从资源保存理论等对工作—家庭界面的作用机制所提出的解释和预设中可以发现，影响工作—家庭界面作用机制的不仅限于情绪、情感的变量，而且还包括其他一系列认知及行为方面的变化，从而导致工作—家庭界面对结果变量影响的发生。在工作—家庭界面机制探讨中提出将情绪等资源归为不稳定资源，可以解释短时期内个体

第6章 研究二：工作—家庭关系对个体工作和家庭满意度的影响机制研究

工作—家庭界面对行为结果的影响；而解释长期内的作用机制应从结构性的资源变化进行解释，结构性资源包括自我效能感、社会支持等。

社会支持是个体应对压力的重要资源，在工作—家庭界面的研究中，员工所获得的社会支持能够有效地缓解工作—家庭冲突对个体生活的负面影响。在对香港特别行政区的员工的工作—家庭冲突对家庭满意度的影响中发现，员工所感知到的配偶支持可以缓解负面影响作用。总结对社会支持在工作—家庭界面的影响研究，可以得到以下发现。

首先，社会支持大多作为调节变量，可以缓冲压力所带来的负面影响。社会支持不仅是一种保护性资源，压力同时也会消耗个体的社会支持感。因此，社会支持同样可以作为一种中介变量影响工作—家庭界面特征对于结果变量的影响。

其次，以往的研究多集中在考察社会支持在工作—家庭冲突对行为结果的影响，对于工作—家庭增益的积极影响考察不足。工作—家庭增益会引起资源的累积，也会增加个体所感知到的支持资源。

最后，以往研究对于社会支持行为的测量集中在一般社会支持的领域和范畴，这可能是降低其中介作用的一个原因。在工作—家庭界面的研究中，工作—家庭支持特指员工所获得的工作—家庭平衡相关的支持，包括员工所获得的工作领域对家庭的支持及从家庭领域获得的对工作的支持。国内学者的研究发现，工作—家庭双向支持可以有效缓解工作—家庭冲突的负面影响，提升员工的工作表现（李永鑫，赵娜，2009）。因此，本研究在以往的基础上进一步考察个体所感知到的来自家庭的支持感对工作—家庭界面对工作满意度和家庭满意度的中介作用。

假设4：家庭支持可以调节个体的工作—家庭界面对工作满意度和家庭满意度的影响。

根据资源保存理论，个体对资源的获取和防止资源的流失是非常重要的心理资源的变化，会导致个体的行为和心理发生相应的变化，以减少资源的损失或者获取更多的资源。工作—家庭双向冲突对个体而言意味着资源的损失，而工作—家庭增益则意味着资源的累积和获得。同样，在工作—家庭界面关系的研究中，一些研究者也提出应以动态的目光来看待个体的工作—家庭之间的关系。这与工作—家庭本身的动态性特点有很大关联。例如，个体在时间1感受到工作—家庭冲突，如果继续发展下去，将导致个体无法很好地完成家庭角色，最终导致家庭对工作的侵扰，发展出家庭—工作冲突。根据中国社会工作—家庭关系信念特点，本研究对两个时间点的工作—家庭关系进行分析。由于个体家庭生活的基础性，家庭对工作的侵扰将导致个体的工作表现下降，进而带来工作对家庭生活更大的侵扰。家庭对工作的促进也将有效缓解个体的工作—家庭冲突。而由于工作对家庭的优先地位，以及工作和家庭之间的整体关系，当个体将工作资源迁移到家庭之中，会有效地缓解其家庭对工作的侵扰，并且使个体将家庭资源更多地迁移到工作中，有更多的家庭—工作增益现象发生，因而提出以下假设。

假设5a：个体时间1的家庭—工作冲突会影响其时间2的工作—家庭冲突，时间1的家庭—工作增益会减少时间2的工作—家庭冲突。

假设5b：个体时间1的工作—家庭增益会减少其时间2的家庭—工作冲突，时间1的工作—家庭增益会增加其时间2的家庭—工作增益。

综上所述，本研究的研究模型如图6.1所示。

第6章 研究二：工作—家庭关系对个体工作和家庭满意度的影响机制研究

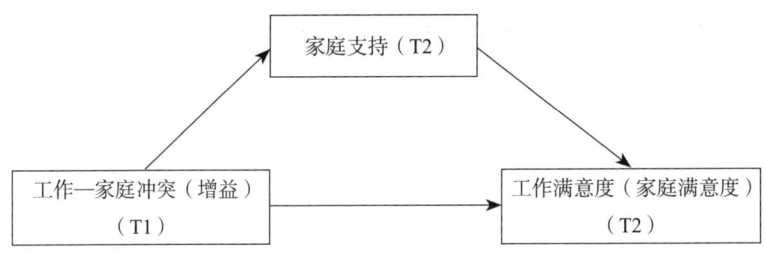

图 6.1 工作—家庭关系对工作满意度影响的中介模型图

6.3 研究方法

研究采用纵向追踪设计，收取工作—家庭双向冲突较为显著的被试群体参加两个时间点的数据收集，中间间隔4个月的时间进行再测。问卷第一次施测时间为9月，第二次的施测时间为次年1月。问卷以匿名形式填答，但是研究员会给每一个参与研究的被试发一个确定的号码，以确保第二次施测的时候可以将测试匹配。

6.3.1 被试

研究被试来自江苏大型制造业企业，第一轮测试共有254名被试参加，第二轮测试在4个月之后进行，一共有200名被试参加，与第一次数据进行有效匹配的数据共有151人。这151人的平均年龄为40.7（SD=7.8），男性94人，女性57人。

对流失的被试群体的变量得分与参加两次研究的被试的得分情况进行比较，

流失被试与完成被试之间的各个变量之间均不存在显著差异，可以认为流失被试不影响研究结果。

6.3.2 研究工具

（1）工作—家庭冲突量表：同子研究1，此量表在两次测量中的重测信度为0.87。

（2）工作—家庭增益量表：同子研究1，此量表在两次测量中的重测信度为0.62。

（3）工作满意度问卷：本研究中的工作满意度问卷是测量员工在工作中的基本感受和对总体工作的评价程度。问卷是由研究者（Cammann，1979）等人所编制的工作满意度量表，共有3道题目，如"总体来说，我对我的工作很满意"。反向计分一题，为"大体来说，我不喜欢我的工作"。问卷采用1~7分的计分方式，从极其不符合自身情况到非常符合自身情况。该问卷在本次研究中的内部一致性系数为0.9。

（4）家庭满意度问卷：家庭满意度问卷是测量员工在家庭生活中的基本感受及其对家庭生活的总体评价。家庭满意度问卷是由等人根据上述工作满意度问卷所改编，将问卷中对工作的评价换为对家庭的评价，在工作—家庭主题研究中使用较为频繁，问卷依然包括3个条目，如"总体来说，我对我的工作很满意"。反向积分一题，"大体来说，我不喜欢我的工作"。问卷采用1~7分的计分方式，从极其不符合自身情况到非常符合自身情况。该问卷在本次研究中的内部一致性系数为0.86。

第6章 研究二：工作—家庭关系对个体工作和家庭满意度的影响机制研究

（5）家庭支持感问卷：对夫妻的家庭支持的测量采用国内学者编制的工作—家庭支持量表中的家庭—工作支持分量表，该量表测量员工所获得的来自家庭成员个体的支持感，包括情感支持和工具性支持两个维度，共包含10个题目，问卷采用5点计分，从完全不符合到完全符合，题目如："当我工作上有烦恼时，家人总能理解我的心情。""当我某段时间比较忙时，家人总是多承担一些家务。"

控制变量选择：根据以往研究情况，年龄和性别可能是影响员工工作—家庭关系及其影响的重要变量，因而将性别和年龄作为控制变量，而在职位及受教育程度以及每周平均的工作时间等问题上，参加研究的被试表现出较高的同质性。根据上述被试基本统计信息的情况统计，员工中有18岁以下小孩的和有老年人帮助家务的大概各占一半。这两个变量有可能是影响员工工作—家庭关系的重要变量，因而选择这两个变量作为控制变量。将有18岁以下小孩照顾的被试编码为1，无编码为0，有父母帮助处理家务的编码为1，无父母帮忙的编码为0，纳入回归方程进行统计。

6.3.3 数据统计与分析

本研究的数据分析采用SPSS21.0及Amos22.0的统计软件，SPSS21.0对数据进行描述性统计，相关和回归分析。Amos22.0做问卷的结构分析。

6.4 结果

6.4.1 验证性因素分析和共同方法偏差检验

对研究所使用的工作—家庭冲突、工作—家庭增益、工作满意度和家庭满意度进行问卷结构区分检验，结果显示问卷的6维结构拟合最好。单因素结构拟合最差，说明本研究受到共同方法偏差影响较小。进一步采用EFA做了Harman的单因素因子分析，结果表明，在未旋转时，共生成4个因子，解释了65.36%的变异，第一个因子解释了24.79%的方差变异，远小于Hair等人（1998）推荐的50%的判断标准，说明本研究中的共同方法偏差不显著。

6.4.2 描述性统计分析

对研究所涉及的变量的描述性信息进行统计，结果如表6.1所示。

表 6.1 工作—家庭界面与工作满意度和家庭满意度的描述性统计结果（N=149）

研究变量	平均数（标准差）	全距	WFC	FWC	WFE	FWE	JS	FS
WFC	12.5（4.4）	5~25	1	—	—	—	—	—
FWC	8.9（3.4）	5~25	0.50**	1	—	—	—	—
WFE	11.5（3.0）	4~20	−0.195*	0.093	1	—	—	—
FWE	15.2（2.8）	4~20	−0.161*	−0.25**	0.455**	1	—	—
JS	14.2（3.4）	3~21	−0.214**	−0.398**	0.275**	0.336**	1	—
FS	17.7（3.0）	3~21	−0.130*	−0.337**	0.225**	0.288**	0.328**	1

注：工作—家庭界面各维度得分对第一次测量分数进行统计，工作满意度（JS）和家庭满意度（FS）得分是对第2此测量得分的统计。

6.4.3 工作—家庭关系对工作满意度和家庭满意度影响分析

分别对个体时间 2 的工作满意度和家庭满意度与工作—家庭冲突、家庭—工作冲突、工作—家庭增益和家庭—工作增益做回归分析。回归系数如表 6.2 所示，控制变量对工作满意度和家庭满意度的影响均不显著。在对家庭满意度的分析中可以发现，个体时间 1 工作—家庭冲突对时间 2 的家庭满意度影响显著，即时间 1 的工作—家庭冲突越高，时间 2 的家庭满意度越低。研究结果验证假设 1。个体时间 1 的工作—家庭增益对时间 2 的家庭满意度的影响显著，时间 1 的工作—家庭增益越高，时间 2 的家庭满意度也越高，但是个体时间 1 的家庭—工作增益不会影响到其家庭满意度的变化，结果验证假设 3。除此之外，研究还发现，时间 1 家庭—工作冲突和时间 2 的家庭满意度的负相关关系显著。

表 6.2 回归分析结果

结果变量	家庭满意度（FS）		工作满意度（JS）	
回归系数	β	t	β	t
性别	0.11	1.375	−0.11	−0.139
年龄	0.019	0.216	0.111	1.32
孩子	−0.097	−0.766	0.135	1.08
父母	−0.019	−0.156	0.103	0.858
WFC	−0.252	−0.2.82**	0.004	0.044
FWC	−0.448	−4.875***	−0.318	−3.57***
WFE	0.172	2.0*	0.179	2.13*
FWE	0.146	1.68	0.19	2.24*

注：*p<0.05，**p<0.01，***p<0.001。

在对工作满意度的分析中发现，个体时间 1 的家庭—工作冲突会影响个体的时间 2 工作满意，个体时间 1 的工作—家庭冲突得分越高，时间 2 的工作满意度越低；而时间 1 的工作—家庭冲突则不会影响到时间 2 的工作满意度。假设 2a 得到验证。个体时间 1 的家庭—工作增益对时间 2 的工作满意度的正向预测作用显著，假设 2b 得到验证。除此之外，研究结果还显示个体时间 1 的工作—家庭增益也会影响其时间 2 的工作满意度。

6.4.4　家庭支持感的中介作用分析

继续对家庭支持感在工作—家庭界面对工作满意度和家庭满意度的中介作用进行分析，采用研究者（Preacher，Hayes，2008）推荐的 bootstrap 中介检验法进行检验，它是对中介效应的原理是将研究样本作为母本，通过有放回的抽取产生新的样本（如 k=5000），将每一个新样本的间接估计 a×b 的值组成新的样本，包含 K 个 a×b 值，中介作用的真值通过统计方法计算一个 ci% 的置信区间得到，即把 k 个值从小到大排列，在这个排列集中，ci% 置信区间的下限是位于第 k（0.5–ci/200）个的 a×b 值（如 k=1000，95% 的置信区间，取位于第 25 个的 a × b 值）；ci% 置信区间的上限是第 1+k（0.5+ci/200）个的 a×b 值（如 k=1000，95% 的置信区间，取位于第 976 个的 a × b 值）。不管使用何种程序，如果 0 不在上下限的区间之内，就可以有 ci % 的可信度认为中介作用不是 0，也就是在 ci% 的水平显著，拒绝中介作用真值为 0 的虚无假设。本方法弥补了研究者（Kenny，1986）所推荐的传统的通过 a，b，c 系数检验的方法的缺陷。

本研究用 SPSS22.0 运行 bootstrap 中介检验的脚本程序，分别检验工作—家庭冲突、家庭—工作冲突及工作—家庭增益、家庭—工作增益作为自变量，工作满意度和家庭满意度作为因变量，家庭支持作为中介变量。结果显示，家庭支持对工作—家庭冲突、家庭—工作冲突及工作—家庭增益对家庭满意度的中介作用显著，区间分别为 [-0.083, -0.002]、[-0.145, -0.0376] 和 [0.104, 0.304]。在对工作满意度中介检验中发现，家庭支持的中介效应不显著，中介效应区间不包含 0。

6.4.5 个体工作—家庭关系动态变化分析

根据假设，分别对个体时间 2 的工作—家庭冲突、工作—家庭增益、家庭—工作冲突和家庭—工作增益和时间 1 的工作—家庭的四个维度做回归。回归结果如表 6.3 所示。

表 6.3 工作—家庭关系随时间的动态变化

研究变量	WFC（T2）		FWC（T2）		WFE（T2）		FEW（T2）	
回归系数	β	t	β	t	β	t	β	t
WFC（T1）	0.469	6.170**	0.003	0.039	−0.167	−1.98*	−0.232	2.750**
FCW（T1）	0.201	2.620**	0.550	6.880***	0.028	0.331	−0.278	−3.260**
WFE（T1）	−0.144	−1.960*	−0.100	−1.300	0.446	5.460**	0.176	2.150*
FEW（T2）	0.028	0.368	−0.490	−0.63	0.022	0.268	0.312	3.760***

注：*$p<0.05$，**$p<0.01$，***$p<0.001$。

结果显示，时间 1 的 WFC、FWC、WFE、FWE 都能显著预测时间 2 的 WFC、FWC、WFE、FEW 的增长；时间 1 的工作—家庭冲突能够负面影响时间2的工作—家庭增益，而时间1的工作—家庭增益能够减少时间2个体的工作—家庭冲突感。此外，个体时间1的家庭—工作冲突度时间2的工作—家庭冲突有显著的正向预测作用，而个体时间1的家庭—工作增益对时间2的工作—家庭冲突有负向影响，但其影响系数只达到边缘显著。个体时间1的家庭—工作增益越高，其时间2的工作—家庭冲突会有所下降，假设4a得到部分验证。在对时间2的家庭—工作增益的考察过程中发现，个体时间1工作—家庭增益会增加其时间2的家庭—工作增益的得分，影响系数达到边缘显著p=0.08（p=0.1）；在对时间2的家庭—工作冲突的分析中可以发现，个体时间1的工作—家庭增益也可以缓解个体在时间2的家庭—工作冲突，影响系数达到边缘显著p=0.07（p=0.1），假设4b得到一定的证据支持。在对时间2的工作—家庭增益的分析中发现，时间1的家庭—工作冲突以及家庭—工作增益都不会对其造成影响。

6.5 讨论

本研究重点分析工作—家庭四个维度对于工作结果变量和家庭结果变量的影响，以及工作—家庭双向冲突和工作—家庭双向增益在两个时间点的动态变化和预测作用。研究结果对已有的研究和理论有了补充和推进作用。

研究采用两次数据收集的纵向研究方法，系统地探讨个体工作—家庭双向冲突与工作—家庭双向增益对员工工作满意度和家庭满意度的影响，并验证了相关假设。其中，既有对以往研究的验证性说明，又包含新的发现和拓展。与

第6章 研究二：工作—家庭关系对个体工作和家庭满意度的影响机制研究

以往研究一致的是，本研究也发现个体的工作—家庭冲突不会影响个体的工作满意度，但是家庭—工作冲突可以影响个体的工作满意度。这一方面体现出员工价值信念中对于工作的优先态度，另一方面也体现出家庭在员工生活系统中的基础地位。一旦家庭需求侵扰到工作，不能够继续满足个体工作任务的完成，将直接导致个体的工作态度下降。这一点在以往研究中已经得到较为稳定的验证和阐述。但同时，本研究还对家庭的基础地位这一点进行了补充，不仅家庭对工作的负面侵扰会影响个体工作的完成，而且家庭对工作的促进也能够极大地提升个体的工作满意度。这说明个体将家庭中累积的资源会对个体的工作行为产生积极的提升和改变。工作—家庭增益对家庭满意度的显著提升的结果也体现出了工作—家庭之间的整体关系，即个体工作为家庭提供资源，促进家庭生活质量的提升，将使个体对家庭生活的满意度也得到极大的提升。

在对工作—家庭关系对结果变量的影响的探讨中，西方的研究结果表现出对领域内直接影响模型的支持，但是在中国文化背景下的研究结果却表现出了更多对于领域间交叉影响模型的支持。最近也有研究表明，工作—家庭界面对工作和家庭满意度既表现出直接影响又表现出交叉影响。本研究也为这种差异提供了进一步的实证证据和解释说明。在本研究中，中国员工的工作—家庭关系对工作结果变量和家庭结果变量的影响展现出了十分复杂的表现形式。其中，既表现出了领域间的交叉影响模式，同时一些维度也表现出了一些领域内的直接影响模式的特点。研究结果显示，家庭—工作冲突既影响个体的工作满意度，同时也能够影响个体的家庭满意度；工作—家庭增益也表现出了这种影响模式。这种结果的出现，对中国文化背景下个体对待工作和家庭关系的价值观特点提供了更进一步的证据支持。工作和家庭相比具有优先地位，但是这种优先性是以家庭生活的基础性和工作—家庭之间的紧密关联性作为支撑。处在基础资源地位的家庭生活，一旦不能够支持个体事业的奋斗，不仅会影响到个体的事业发展，同时也会使个体对家庭生活的积极态度下降。此外，当初在优先发展地位的工作能够对家庭发展起到推动作用，将会使个体对工作的热情也相应上升，促使其更为努力的奋斗以期积累更多的资源。综合考虑以往的研究可以发现，员工的工作—家庭界面对工作行为和家庭行为的影响模式较为复杂，反映出了员工的工作和家庭之间存在更多整体性。这种整体性随着工作资源和家庭资源的相互累积会进一步加深。这也解释了对MBA学员的调查中发现他们的工作—家庭界面，同时存在对工作满意度和家庭满意度的影响。在本研究中所选取的被试均为普通员工，在工作中得到的支持资源相对较少，而需要家庭付出更多的资源才能维持工作—家庭之间的平衡关系，因而表现出了研究结果所展示出的影响模式。这和研究一的结论具有一致之处，表明中国员工的工作—家庭平衡主要依靠家庭资源的供给和家庭的支持。

在对工作—家庭界面对工作满意度和家庭满意度的影响机制分析中发现，员工的家庭支持感在工作—家庭冲突、家庭—工作冲突及工作—家庭增益对家庭满意度中介效应显著。该结果印证了资源保存理论对工作—家庭界面的影响机制，工作—家庭双向冲突对个体来讲是一种资源损耗的体会，会进一步降低个体感知其他资源的能力，从而造成更多的资源损耗。工作—家庭增益是一种积极的过程，有利于个体获取更多的资源。家庭支持对个体而言是一种资源，家庭支持感的变化直接影响个体对家庭生活的满意度。此外，这种结果拓展了对工作—家庭界面影响机制研究，表明除了情绪等不稳定心理资源外，社会支持感作为一种相对稳定的资源会传递工作—家庭界面不同维度对个体行为结果的影响。此外，本研究没有采用一般的社会支持感，而是采用了更为具体的家庭支持作为考察变量。结果发现，家庭支持感对于介导了工作—家庭界面对家庭满意度的影响。这提示我们今后在对支持感的中介机制考察中可以采用更具体的考察变量。

在对工作—家庭关系的动态变化的分析中，我们可以看出，工作—家庭在某一时间点的表现形式会对其下一个时间点的表现形式产生影响。工作—家庭界面四个维度时间1的状态均会正面预测其时间2的变化，时间1的工作—家庭冲突会减少时间2的工作—家庭增益，时间1的工作—家庭增益会减少时间2的工作—家庭冲突。这个结果印证了资源保存理论的基本观点，即资源的损失会引起资源进一步的损失，而资源的累积会引起下一个阶段资源的累积。本研究的结果也体现出了中国员工的工作—家庭价值信念与资源保存理论的结合，即一旦个体的家庭基础资源不能支持个体的事业发展时，将会预测其下一个阶段的工作—家庭冲突的出现，造成资源的螺旋丧失，但是家庭资源对工作的迁移也会有效地预防资源的流失和保护现有资源。而处于优先地位的工作一旦对家庭产生促进和助益之后，将会更有效地产生资源的螺旋累积，减少和预防资源的损失。

综上所述，本研究对工作—家庭界面关系理论及资源保存理论、中国文化背景下的工作—家庭关系理论都有一定的理论推进和贡献。从实践角度来讲，也提示企业应该更关注个体的家庭生活，家庭对于个体工作具有很大的影响作用，如果能使个体多感知到工作对家庭的促进作用的话，将极大地提升个体的工作和家庭的生活质量。

6.6 小结

本章研究了中国文化背景下个体的工作—家庭关系对于工作结果和家庭结果的影响及其动态变化过程。研究主要得出以下结论。

(1) 员工的工作—家庭关系对工作满意度和家庭满意度的影响更支持跨领域交叉影响模型，但由于我国文化背景下个体对于工作—家庭关系的价值信念的影响，又表现出了一些更为复杂的影响模式，即家庭—工作冲突不仅影响个体的工作满意度而且也会影响个体的家庭满意度，同时工作—家庭增益也会影响个体的工作满意度和家庭满意度。

(2) 员工的家庭支持感在工作—家庭冲突、家庭—工作冲突和工作—家庭增益对家庭满意度的影响的中介效应显著。

(3) 员工时间1的家庭—工作冲突会预测其时间2的工作—家庭冲突，时间1的工作—家庭增益则会预测时间2的家庭—工作增益，同时也能够减少其家庭—工作冲突的出现。

第7章 研究三：
工作—家庭界面对夫妻婚姻满意度的影响模式研究：夫妻成对分析

　　研究一与研究二探讨了员工工作—家庭界面的模式特点，以及矛盾型员工的各个维度的工作—家庭界面体验对自身工作满意度和家庭满意度的影响。从研究结论可以看出，当前矛盾型员工所感知到的工作—家庭冲突现象较为明显，维持工作—家庭平衡的主要资源来自家庭。而工作—家庭冲突对个体的家庭满意度有显著的负面影响，当工作对家庭过多侵扰时候就会影响个体的家庭满意度；当工作能够促进家庭发展时，又会显著地提升个体的家庭满意度。对中国员工来讲，家庭具有基础性地位，对其事业积极的或者消极的影响都能增加或者降低其工作表现。工作虽然具有优先地位，但是和家庭的发展目标具有整体性，当工作积极促进家庭时，会使家庭产生更多对工作的回报，而当工作过分消耗家庭资源时，无论对个体的工作或者家庭都将产生整体性的负面影响，从而使个体的工作和家庭产生不平衡。在研究三中，我们将从工作—家庭关系对个体层面的行为结果、影响模式的探讨上升到家庭层面探讨。研究三所关注的样本群体依旧是矛盾型的家庭，即感知到较大的冲突体验的家庭。在之前的访谈预研究中发现，得到组织支持较少、工作压力大、子女教育问题较为突出的人群是矛盾型人群的主要特点。在以下对家庭系统的研究中，将着重选取有此类特点的样本群体进行探讨。

在工作—家庭的研究主题中，人际互动的研究是重点的主题之一，无论是溢出—交叉模型还是边界管理理论，都提到仅仅停留在个体层面考察工作—家庭界面特征不足以反映出工作—家庭关系的实质，要将两个领域中的相关人员纳入考量。之前的研究已经表明，夫妻之间的工作—家庭冲突、工作耗竭等不仅会影响自身的心理健康、工作行为和家庭行为，而且同时还会影响配偶的心理状况和健康状况（Amstad, Meier, Fasel, Elfering, Semmer, 2011；Leiter, Durup, 1996；Bakker, Demerouti, Burke, 2009）。之后研究又提出，不仅负面的工作—家庭侵扰会产生夫妻之间的交叉影响，积极的工作—家庭关系同样会在夫妻间产生影响，例如考察了工作投入在夫妻之间的交互影响状况（Bakker, Demerouti, 2009）。从研究一的研究中可以发现，工作—家庭界面是一个系统的构念，同时存在积极影响和消极影响，现在越来越多的研究倾向将工作—家庭的积极影响和消极影响纳入一个模型来考察（Van Steenbergen, Ellemers, Mooijaart, 2007；Wayne, Grzywacz, Carlson, Kacmar, 2007）。但是，目前很少有研究同时将配偶的工作—家庭冲突和增益纳入一个模型来考察其对双方婚姻满意度的影响及其影响机制。而对双职工夫妻婚姻满意度的考察，无论对于组织还是个人和家庭均具有非常重要的意义，婚姻满意度对于个体的生活满意度及健康状况都具有更深远的影响（Headey, Veenhoven, Wearing, 1991）。

第 7 章 研究三：工作—家庭界面对夫妻婚姻满意度的影响模式研究：夫妻成对分析

对中国员工来讲，家庭是基础的社会活动单位，在个体的心理系统中占据重要的地位。夫妻互动是家庭人际关系的首要核心关系，夫妻之间互动的方式不仅会对自身的工作—家庭界面模式产生影响，而且还会对配偶的工作—家庭界面模式造成影响。因此，探讨双职工夫妻的工作—家庭界面，对于夫妻之间的婚姻满意度的影响模式，及对影响夫妻的工作—家庭界面的人际资源进行探讨，在中国社会文化背景中具有重要的理论和实践意义。本研究包含两个子研究，子研究一采用溢出交叉模型同时探讨夫妻之间的工作—家庭冲突和增益对夫妻婚姻满意度的影响及机制；子研究二对影响夫妻工作—家庭界面的保护性的核心人际资源进行探索。

7.1 子研究一：夫妻工作—家庭冲突、增益对婚姻满意度的交叉影响机制研究

7.1.1 研究目的

本研究同时收集夫妻的工作—家庭界面关系与其婚姻满意度，采用成对数据的分析方法，考察夫妻之间的工作对家庭的影响对其婚姻满意度的影响。

7.1.2 问题和假设提出

研究一与研究二从个体层面考察了工作—家庭界面的模式特点，以及不同工作—家庭界面关系对个体工作满意度和家庭满意度的影响。研究二发现工作—

家庭冲突和工作—家庭增益对个体的家庭满意度均有显著的影响。这个研究结果符合溢出交叉模型的相关假设。溢出交叉理论认为，个体工作—家庭之间的侵扰不仅会对个体的心理结果变量产生影响，而且由于生活环境的相似共享成分及亲密关系的人际互动、工作和家庭之间的关系，还会在夫妻之间产生影响，如消极、倦怠、工作满意度、生活满意度及工作投入等（Bakker，Demerouti，Burke，2009，Westman，Vinokur，Hamilton，Roziner，2004）。本研究采用溢出交叉理论模型结合资源保存理论，将双职工夫妻的工作—家庭冲突和增益同时纳入模型进行分析，提出以下的问题和假设在本研究中进行探讨。

1. 夫妻工作—家庭冲突、增益的互依性分析

夫妻是人际关系中相对稳定的人际关系之一，因此，根据 Kenny 对于成对关系分析的观点认为，夫妻双方的心理和行为特点并不是完全独立而是具有高度的互依性。本研究假设：

假设 1a：丈夫和妻子的工作—家庭冲突相关显著；

假设 1b：丈夫和妻子的工作—家庭增益相关显著。

2. 双职工夫妻工作—家庭冲突、增益对婚姻满意度的溢出交叉影响

在工作—家庭界面的影响机制研究中，溢出理论占据十分重要的位置，解释了个体在一个场所内所感知到情绪、技能价值观等会经由个体在两个领域的穿梭带入另一个领域（Carlson，Perrewé，1999；Prescott，Rothwell，others，2012）。资源保存理论进一步解释了两个领域相互作用的机制。资源保存理论假设个体的基本动机在于保护已有资源不丧失并且获得新的资源，已有资源的损

失会造成资源的进一步损失,资源的累积会带来更多的资源累积(Halbesleben,Neveu,Paustian-Underdahl,Westman,2014)。工作—家庭界面的作用机制研究进一步扩展了该理论,强调个体在一个领域内的资源的损失或者累积会造成另一个领域内资源的变化,进而影响个体在该领域的表现(Ten Brummelhuis,Bakker,2012)。

工作—家庭冲突本质上是指个体由于工作压力和需求无法胜任家庭的角色,工作压力和需求对个体来讲是一种资源的消耗,这种资源的消耗和损失会引起个体的家庭表现下降,影响其婚姻质量,进一步带来资源损失。已有研究表明,工作—家庭冲突是工作压力对婚姻满意度的中介变量(Ford,Heinen,Langkamer,2007)。因此,无论是丈夫和妻子的工作—家庭冲突都会造成其婚姻满意度的下降。

假设2a:丈夫的工作—家庭冲突会引起婚姻满意度的下降;

假设2b:妻子的工作—家庭冲突会引起婚姻满意度的下降。

工作—家庭界面除了包含工作和家庭之间的消极互动,同时包括工作和家庭之间的积极促进作用,表现为个体在工作领域内所体验到的积极情感、收获的处理问题的技能,如沟通技巧以及管理事务的能力,良好的价值观会迁移到其家庭领域,促进其家庭表现的提升。工作—家庭增益发生的实质为个体在工作领域内得到资源支持,促使其资源累积,提升其在家庭的表现和婚姻满意度的提升。因此,无论是丈夫或者妻子的工作—家庭增益,均能够促使其婚姻满意度的提升。

假设3a:丈夫的工作—家庭增益能够提升丈夫的婚姻满意度;

假设3b:妻子的工作—家庭增益能够提升妻子的婚姻满意度。

交叉影响是组织和社会领域关注的焦点问题,源于个体生活在与他人的关系和互动中，没有个体是孤立于其他个体存在。研究者（Westman，2001）将个体由于工作或家庭的需求（资源）导致的紧张（投入）影响了处于同样社会环境中的关系紧密的他人（配偶、同事）的紧张（投入）的现象称为交叉效应（Crossover）。研究者（Bakker，Demerouti，2011）将溢出理论和交叉效应的理论进行了相应的整合，提出了与工作相关的模型首先溢出到家庭领域，然后通过社会互动影响配偶幸福感的溢出—交叉模型（spillover-crossover model，SCM）。此模型将工作—家庭界面影响模式从个体领域的研究拓展到了夫妻领域。该模型认为，夫妻双方中一方所体验到的压力、紧张及投入、热情等感受，会在生活互动中传递给另一方（Haines，Marchand，Harvey，2006；Song，Foo，Uy；2011；Bakker，Demerouti，2009；Bakker，Shimazu，Demerouti，et al.，2011；Demerouti，2012），最终对其婚姻满意度和幸福感产生交叉影响（Bakker，Demerouti，Burke，2009）。

假设4：夫妻的婚姻满意度会产生交叉影响。

3. 夫妻工作—家庭冲突、增益对婚姻满意度的影响机制

在溢出—交叉模型提出之后，一些研究者对交叉效应发生的机制进行了探索，尝试探索为什么同处于一个空间下的亲密关系双方会发生交叉影响。目前，对于影响机制的发生集中从三个角度进行探索，从直接影响的角度来讲，夫妻双方具有高度共享的生活情境会对双方的心理造成相对一致的影响。从间接影响的角度来说，交叉效应发生可以通过两种路径：第一，从情绪角度来讲，互动关系中的情绪感染是交叉效应发生的可能机制；第二，从应对的角度来讲，交叉效应的发生可能是由于社会支持行为和社会阻抑行为的变化，进而影响配

偶的幸福感和关系满意度水平（Westman，Etzion，Danon，2001）。

已有研究发现，个体在职场中的压力和耗竭感会增加其在婚姻中的敌意和退缩行为，减少家庭互动活动（Bakker，Demerouti，Dollard，2008）。以往对于交叉效应机制的探讨多集中在负面和消极的行为及其发生机制，而缺少从积极的角度进行探讨。溢出交叉模型在整合理论的过程中提出应将社会支持纳入到模型之中，并提出工作—家庭冲突可以减少配偶之间的社会支持，进而影响到幸福感的产生；而工作—家庭增益则能够增加配偶之间的社会支持行为，进而提升夫妻的幸福感水平。这种假设符合社会支持研究的相关结论，个体在压力的情境中所感知到社会支持感会下降，进而影响其幸福感（Cohen，Wills，1985）。在对工作—家庭冲突对婚姻调适的考察中发现，配偶的情感在工作—家庭冲突对婚姻适应影响中起到中介作用（Burley 1995）。研究者（Dorio，2009）采用纵向研究系统考察了126名医生及其配偶的工作—家庭冲突和其社会支持的关系，研究发现，医生在时间1的工作—家庭冲突可以降低其时间2的社会支持感并且降低其配偶的社会支持提供。但是，社会支持的对于工作—家庭冲突和配偶的家庭需求的中介作用并未得到验证。综合上述研究可以看出，以往对于交叉效应机制的考察多集中在对于消极行为和情绪的考察，对于积极机制探讨较少，社会支持是个体应对压力、提升幸福感的重要资源，可能是介导工作—家庭冲突和工作—家庭增益对夫妻婚姻幸福感的重要机制。结合之前研究及研究2的个体层面的研究结果，本研究假设：

假设5a：夫妻之间的工作支持具有交叉效应；

假设5b：家庭—工作支持感对夫妻工作—家庭冲突和增益对婚姻满意度影响起到中介作用。

4. 夫妻影响的性别差异分析

在前述研究中可以发现，性别是影响工作—家庭界面的重要变量，反映在夫妻之间，由于我国"男主外，女主内"的传统思想的影响，男性会将更多的精力放在事业上，承担起养家糊口的责任，因而会偏重工作角色；妻子对丈夫的工作—家庭冲突相对较为宽容，受到丈夫的影响相对较小，而相反，妻子的主要角色是处理家庭事务，完成更多的家庭要求，会更加偏重家庭角色，丈夫的婚姻满意度受到妻子的影响较大（谢菊兰，2014；Zhang，Forly，Yang，2014）。基于此，本研究假设：

假设 6a：丈夫的工作—家庭冲突显著高于妻子。

假设 6b：妻子对丈夫的婚姻满意度的影响高于丈夫对妻子的婚姻满意度的影响。

总结提出本研究的研究模型如图 7.1 所示。

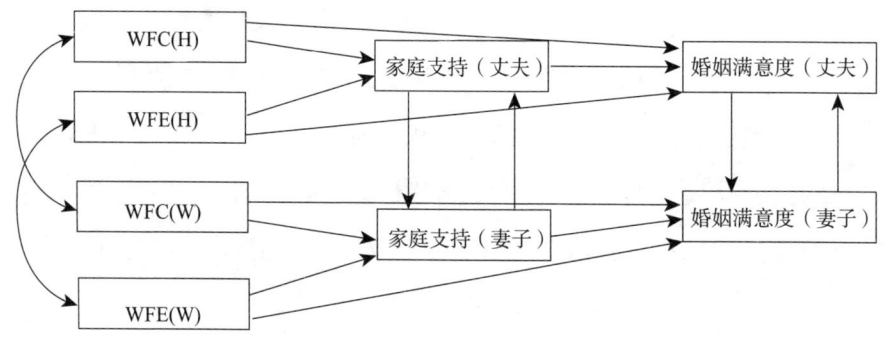

图 7.1　夫妻工作—家庭界面对婚姻满意度交叉影响模型图

第7章 研究三：工作—家庭界面对夫妻婚姻满意度的影响模式研究：夫妻成对分析

7.1.3 研究方法

本研究采用成对研究设计的研究方法，同时收集丈夫和妻子的工作—家庭关系与婚姻满意度。研究由 6 名有心理学背景的调研员完成，指导夫妻问卷的填答注意事项，说明研究主题，要求双方独立填答。之后成对回收数据。

1. 被试

本研究从福建厦门、广东深圳、广东佛山、湖北黄石四个城市，选取 300 对双职工夫妻进行研究。对这些双职工夫妻的选取是通过这四个的地区的中学老师联系班内学生符合条件的家长，向其说明本研究调查的目的，在征得家长同意之后进行研究调查。调查回收有效完整的数据 292 对（n=584）。其中，男性的平均年龄为 41.0 岁（SD=5.1），女性的平均年龄为 39.7 岁（SD=4.4）。年龄分布在 35~52 岁。有 53.8% 的被试报告了有父母帮助料理家务。调查还针对夫妻每周的工作时间、工作单位性质、职位等工作相关信息做了统计。

丈夫每周的工作时间平均为 48 小时，在私企上班的人数占到 37.6%，外企员工有 11.3%，国企员工 9%，事业单位和机关单位占总数的 13%，合资企业人数占 3.4%，自主经营的占 20%，其他 5.7%；职位情况：高层管理者为 8.9%，中层管理者为 14.7%，基层管理者为 19.2%，一般员工为 44.9%。

妻子每周的工作时间平均为 47.1 小时。在私企上班的人数占总人数的 28.1%，外企员工占 14.4%，国企员工占 9.2%，事业单位和机关单位占 9.7%，合资企业占 3.1%，自主经营占 23.3%；职位情况：高层管理者为 2.7%，中层管理者为 11.3%，基层管理者为 13.4%，一般员工为 57.5%。

2. 研究工具

（1）工作—家庭冲突问卷：同研究一，在本研究中，丈夫在该问卷的得分的内部一致性系数为 0.80，妻子在该问卷得分的内部一致性系数为 0.81。

（2）工作—家庭增益问卷：同研究一，在本研究中，丈夫在该问卷的得分的内部一致性系数为 0.67，妻子在该问卷得分的内部一致性系数为 0.55。

（3）婚姻满意度问卷：对夫妻婚姻满意度问卷的测量采用的工具是由 Olson 编制的婚姻满意度量表（汪向东，王希林，马弘，1999）。该量表共计 10 个项目，但是国内研究发现，其中夫妻宗教信仰的议题与我国的实际社会现状与文化背景不符（陈振华，喻东山，彭昌孝，2005；程灶火等人，2004；王宇中等人，2009）。因此，本研究也将此题目删除，研究中保留剩余的 9 个题目，问卷计分为 1~7 点计分，1 分表示"完全不符合"，7 分表示"完全符合"。问卷题目中包含正向计分和反向计分，正向计分题目包括"我非常满意我们的业余活动和夫妻一起度过的时间"，反向计分题目如"我不喜欢配偶的性格和个人习惯"。在本研究中，该问卷在丈夫中的内部一致性系数为 0.75，在妻子中的内部一致性系数为 0.73。

（4）家庭支持量表：同研究二，该量表在丈夫中的一致性信度为 0.82，在妻子中的一致性系数为 0.77。

3. 数据统计分析

研究数据采用 SPSS21.0 与 AMOS22.0 进行分析，SPSS21.0 对数据进行描述性统计与相关分析；AMOS22.0 进行成对数据交叉模型分析。其中，工作—

第7章 研究三：工作—家庭界面对夫妻婚姻满意度的影响模式研究：夫妻成对分析

家庭冲突和工作—家庭增益是预测变量，夫妻的婚姻满意度为结果变量，家庭—工作支持是中介变量，因本研究采用成对数据分析的方式，因此数据格式如表7.1所示。

表7.1 成对数据排列格式

Dyad	X		Y	
	X_1	X_2	Y_1	Y_2
1	X_{11}	X_{12}	Y_{11}	Y_{12}
2	X_{12}	X_{22}	Y_{21}	Y_{22}
…	…	…	…	…
k	X_{k1}	X_{k2}	Y_{k1}	Y_{k2}

7.1.4 结果

1. 验证性因素分析

分别对本文研究涉及的工作—家庭冲突、工作—家庭增益以及家庭—工作支持和婚姻满意度进行互依性的结构验证，变量拟合指数良好。

2. 共同方法偏差控制

由于本研究仅采用问卷方法对被试作答，可能会产生共同方法偏差。但由于研究采用成对数据分析，并且在问卷设计的时候，尽量采用不同评级的计分方式，分别有1~7计分，以及1~5计分等形式。因此，本研究很好地避免了共同方法偏差的出现（周浩，龙立荣，2004）。

3. 描述性统计结果

对工作—家庭冲突和工作—家庭增益以及婚姻满意度得分的描述性统计,如表7.2所示。

表7.2 各量表得分的描述性统计分析

测量值	全距	丈夫(平均数、标准差)	妻子(平均数、标准差)
WFC	5~25	12.8 ± 4.9	12.1 ± 4.8
WFE	5~25	12.8 ± 3.0	13.0 ± 3.6
FS	18~52	38.0 ± 6.6	38.9 ± 6.6
MAR	11~63	45.2 ± 9.0	44.6 ± 9.2

4. 夫妻工作—家庭冲突、工作—家庭增益互依性检验

分别对丈夫和妻子在工作—家庭冲突和工作—家庭增益的得分做皮尔逊相关分析,相关系数:工作—家庭冲突:$r=0.42$($p<0.0001$);工作—家庭增益:$r=0.39$($p<0.0001$)。假设1得到验证。此外,对丈夫和妻子的工作—家庭支持及婚姻满意度进行相关分析,发现其相关系数分别为$r=0.48$($p<0.0001$),$r=0.60$($p<0.0001$)。这表明夫妻之间对于家庭—工作支持以及婚姻的感受性具有较高的一致性。对丈夫和妻子的各变量的得分进行相关分析,相关系数如表7.3和表7.4所示。

表7.3 丈夫的工作—家庭冲突(增益)和婚姻满意度的相关分析

研究变量	WFC	WFE	FS	MAR
WFC	1	—	—	—
WFE	−0.11	1	—	—
FS	−0.16	0.28**	1	—
MAR	−0.24**	0.28**	0.47**	1

表 7.4 妻子的工作—家庭冲突（增益）和婚姻满意度的相关分析

研究变量	WFC	WFE	FS	MAR
WFC	1	—	—	—
WFE	−0.02	1	—	—
FS	−0.006	0.24**	1	—
MAR	−0.20**	0.21**	0.54**	1

注：*p<0.05，**p<0.01，***p<0.001。

5. 交叉效应模型分析

用 AMOS22.0 对研究所提出的模型进行检验。首先，对夫妻工作—家庭冲突和增益对婚姻满意度的影响进行检验，如图 7.2 模型 A。在对模型 A 的检验中发现，模型整体拟合模型整体拟合结果良好，$\chi^2/df=1.59<3$，CFI=0.98，RMSEA=0.05。各个路径系数的结果显示，丈夫的工作—家庭冲突和其婚姻满意度的负向相关关系显著，bs=−0.262、CR=−2.837（p=0.005<0.01），工作—家庭增益和其婚姻满意度呈显著正相关关系，bs=0.47、CR=3.49（p<0.0001），假设 2a 与 3a 得到验证；妻子的工作—家庭冲突对妻子的婚姻满意度的负面预测效应显著，bs=−0.266、CR=−2.55（p=0.01），工作—家庭增益和婚姻满意度呈正相关关系，bs=0.41、CR=2.70（p=0.007<0.01），假设 2b 和假设 3b 得到验证。夫妻之间的婚姻满意度的交叉影响显著，丈夫对妻子的影响为：bs=0.51、CR=2.82（p=0.005<0.01），妻子对丈夫的婚姻满意度影响为：bs=0.358、CR=1.96（p=0.05）。假设 4 得到验证。

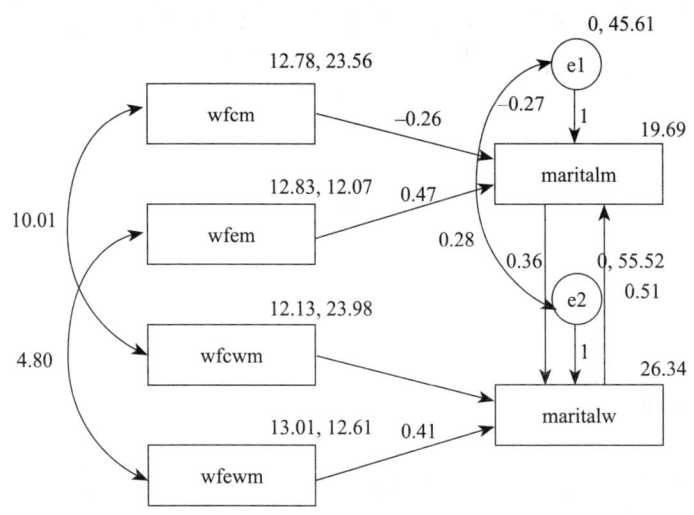

图 7.2 丈夫和妻子工作—家庭冲突（增益）对婚姻满意度影响模型图

之后，对中介效应模型进行检验，如图 7.3 模型 B。结果显示，模型拟合指数良好，$\chi^2/df=1.98<3$，CFI=0.99，RMSEA=0.045。进一步对各个路径进行分析，结果发现，丈夫的工作—家庭冲突和其家庭—工作支持负相关，bs=-0.155、CR=-2.12（p=0.04<0.05），工作—家庭增益与其家庭—工作支持感呈正相关关系，bs=0.47、CR=3.9（p<0.0001）；妻子的工作—家庭冲突和家庭—工作支持感的关系不显著，妻子的工作—家庭增益和家庭—工作支持感呈显著正相关，bs=0.40、CR=3.67（p<0.0001）；丈夫和妻子的家庭—工作支持感对其婚姻满意度均存在显著的正向关联，bs=0.41、CR=5.5，（p<0.0001）；bs=0.60、CR=7.5，（p<0.0001）。夫妻之间的家庭—工作支持的交叉效应不显著，假设 5a 没有得到验证。采用 bootstrap 法对家庭—工作支持在双职工夫妻工作—家庭冲突、增益对婚姻满意度的影响的中介作用进行分析，丈夫的家庭—工作支持在其对

第7章 研究三：工作—家庭界面对夫妻婚姻满意度的影响模式研究：夫妻成对分析

工作—家庭冲突、工作—家庭增益和婚姻满意度之间的影响的中介作用显著，bootstrap所得到的中介效应的置信区间分别为[-2.31, -0.07]、[0.01, 0.447]，区间内均不包含0。妻子的家庭—工作支持对妻子的工作—家庭冲突对婚姻满意度的影响的中介作用不显著，但在妻子的工作—家庭增益对妻子的婚姻满意度的影响中的中介效应显著，置信区间为[0.131, 0.0493]。假设5b部分得到验证，见图7.3。结合路径系数进行分析可以发现，在加入家庭—工作支持变量之后，妻子的工作—家庭增益对其婚姻满意度的影响不再显著，因而家庭—工作支持在其中起到完全中介的作用。丈夫的工作—家庭冲突和增益对其婚姻满意度的预测依然显著，家庭—工作支持在其中起到部分中介作用。

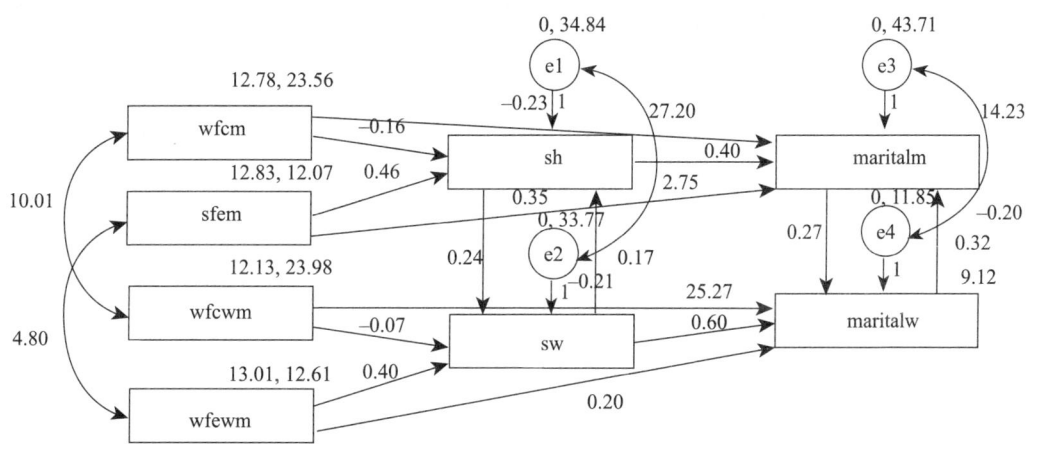

图7.3 家庭支持在夫妻工作—家庭冲突（增益）对婚姻满意度影响中的中介作用

6. 夫妻工作—家庭冲突（增益）对婚姻满意度影响的性别差异检验

分别对夫妻的工作—家庭冲突与工作—家庭增益进行配对样本t检验，结果显示，丈夫和妻子的工作—家庭冲突之间具有显著差异 $t(291)=2.13$，（$p=0.03<0.05$），丈夫工作—家庭的冲突显著高于妻子，假设6a得到验证。在工作—家庭增益的检验中，丈夫和妻子之间没有显著的差异。

在对丈夫和妻子的婚姻满意度的交叉效应作用进行比较时发现，夫妻之间的婚姻满意度的交叉影响显著。其中，丈夫对妻子的影响路径系数为bs=0.268、CR=2.29，（$p=0.02<0.05$），妻子对丈夫的婚姻满意度影响系数为bs=0.317、CR=3.42，（$p<0.0001$）。将模型B作为默认模型，之后固定模型中夫妻婚姻满意度交叉影响的系数，作为竞争模型，模型比较的结果发现，$\Delta\chi^2=1.05$，$p=0.76>0.05$，因而接受原假设，认为竞争模型与模型B是同一个模型，夫妻之间的婚姻满意度的交叉影响效应不存在显著差异。丈夫对妻子的婚姻满意度的影响和妻子对丈夫的婚姻满意度的影响均显著。进一步比较模型A和模型B中的婚姻满意度的交叉效应发现，虽然丈夫对妻子的影响和妻子对丈夫的影响均显著，但是从影响的系数值和显著性来看，妻子对丈夫的影响都比丈夫对妻子的影响要大，因此可以部分验证假设6b。

7.1.5 讨论

研究2在个体层面上考察了工作—家庭界面不同特征对于工作和家庭满意度的影响机制，结果显示工作—家庭冲突和工作—家庭增益均可以影响个体的家庭满意度，家庭支持感对这种影响起到了中介作用。研究3从个体层面拓展到夫妻层面，同时考察夫妻的工作—家庭冲突（增益）对夫妻的婚姻满意度的影响，并且考察其中的作用机制。研究采用工作—家庭夫妻交叉影响模型研究思路对研究

第7章 研究三：工作—家庭界面对夫妻婚姻满意度的影响模式研究：夫妻成对分析

问题进行探讨和分析。研究发现，丈夫的工作—家庭冲突（增益）和妻子的工作—家庭冲突（增益）的互依性显著，适合进行成对数据的设计和分析，在建立夫妻工作—家庭冲突（增益）对夫妻婚姻满意度的影响的溢出—交叉模型进行分析之后发现，丈夫和妻子的工作—家庭冲突（增益）对各自的婚姻满意度的影响显著，无论是丈夫还是妻子，当工作侵扰到家庭生活时，都会降低自己的婚姻满意度；当工作促进家庭生活时，都会提升自己的婚姻满意度，这和以往的研究具有一致之处；当工作过分消耗自身的精力时，将会降低其婚姻表现行为。而当工作为家庭生活带来益处和促进时，将会提升自身的婚姻满意度感知。

溢出交叉模型总结提出交叉效应发生的三个机制：情绪感染、共同压力源、家庭生活互动。近年来，对于夫妻的互动方式的中介机制考察的研究相对较多，已有研究发现，工作—家庭冲突能够增加个体在婚姻生活中的敌意和退缩行为，进而影响自己的婚姻满意度和配偶的婚姻满意度。本研究在以往研究的基础上考察了家庭支持在双职工夫妻工作—家庭界面对婚姻满意度影响中的机制作用。研究发现，家庭支持在双职工夫妻的婚姻满意度的影响的中介作用显著。这一方面弥补了溢出—交叉模型中的中介机制的研究，工作—家庭的消极关系除了会通过增加消极家庭行为从而影响员工的婚姻满意度，同时还能够减少积极的支持行为从而减低婚姻满意度；而积极的工作—家庭之间的关系将通过提升支持行为而提升婚姻满意度。另一方面，对夫妻之间的社会支持行为的中介机制的考察，将资源保存理论从个体层面拓展到了夫妻互动层面，并连通了溢出—交叉模型和资源保存理论。

本研究发现，在婚姻满意度的交叉研究中发现丈夫的婚姻满意度容易受到妻子的影响。这和以往以中国员工为样本的研究中研究结果具有一致的地方。

由于丈夫的工作角色相对突出，妻子对于丈夫的工作侵扰家庭的现象比较理解和支持，因而丈夫对妻子的影响相对比较少。但是妻子的家庭角色相对显著，因而，丈夫的婚姻度会受到妻子的影响比较大。同时，丈夫对于家庭支持感受比较敏锐，工作—家庭冲突和增益均可影响到其家庭支持感受，但是妻子的家庭支持干只受到工作—家庭增益的影响，工作—家庭冲突对于其感知到家庭支持感的影响不显著。这表明，家庭支持在丈夫的工作—家庭界面的影响中发挥重要作用。

7.2 子研究二：双职工夫妻工作—家庭界面的人际保护性资源探讨：夫妻观点采择能力对工作—家庭界面的影响

7.2.1 研究目的

子研究一描述了双职工夫妻的工作—家庭冲突和增益对婚姻满意度交叉影响机制，研究发现，工作—家庭冲突对夫妻的婚姻满意度存在负面的交叉影响，而工作—家庭增益对夫妻的婚姻满意度存在积极的交叉影响，这种积极的交叉影响是通过影响夫妻之间的工作—家庭支持完成的。从子研究一可以看出，工作—家庭冲突对夫妻的婚姻满意度存在损害而增益存在促进作用。资源保存理论认为，资源可以减少冲突提升增益，本研究在子研究一的基础之上进一步探讨影响双职工夫妻工作—家庭界面的核心人际资源，对于预防与减少个体工作和家庭之间的消极影响，扩大工作和家庭之间的积极影响有着重要的意义。相比于客观环境对于工作—家庭的影响，对个体心理特征层面的变量的探讨是当前研究和关注的热点主题。本研究在已有研究的基础之上，结合本书的相关分析和论点，着重考察个体的观点采择能力对于双职工夫妻工作—家庭关系的影响。

7.2.2 问题和假设提出

对于影响工作—家庭关系的前因变量的探索，研究已相对稳定和成熟，尤其集中在对于工作要求、性质、组织和领导的支持，以及对家庭客观要求等变量的讨论。近年来，研究者将目光更多地集中在对于个体的个性和心理层面的探索上来（Blanch, Aluja, 2009）。研究发现，情绪特点、人格特质等都对个体的工作—家庭关系有显著的预测作用。与此同时，越来越多的研究者在对个性特征的探索过程中也越来越关注社会文化背景的特点，如对本土化人格对工作—家庭关系的探讨。但是，从现有的文献中我们也发现，对于个体心理和行为特征对工作—家庭关系影响的研究尚不深入，对一些更为敏感的特征指标的探索显得不足。

在之前的研究中发现，中国社会背景下，由于个体工作优先性观念的存在，个体的工作对家庭的冲突远高于家庭对工作冲突，并且工作—家庭冲突将会对个体的家庭满意度甚至配偶和孩子的生活都会造成较大的影响。短期来看，个体的工作—家庭冲突不会直接造成家庭—工作冲突进而影响工作，但是随着问题的积累，如子女健康成长问题的困扰，长远来讲，个体的家庭生活问题最终会侵扰到工作，造成工作和家庭生活质量的双重下降。此外，个体所报告的家庭—工作增益高于工作—家庭增益，这表明个体在工作奋斗的过程中会将家庭资源运用到工作领域中去，而在社会压力和竞争压力都很大的今天，短期内工作对家庭的回馈相对较少。在这种状况下，只有获得家人的理解和支持，才能保证其工作和家庭之间的相对平衡。尤其是在当今双职工现象流行的今天，夫妻双方均要同时承担工作角色和家庭角色，双方是否能够形成良性互动，对于减少自己甚至减少对方和家人的工作—家庭之间负面侵扰的危害，都有着至关重要的意义。

已有研究发现，观点采择（perspective taking）是影响夫妻婚姻满意度和互动质量的重要影响因素。观点采择是指个体能够理解他人观点和立场的认知能力，能够将自己放在对方的立场来思考问题，并且在没有切实经历别人的生活时也能够体会到对方的情绪。观点采择是一种高度社会化的认知能力，最早的对观点采择的研究源于发展心理学，幼儿从自我中心思想脱离出来，逐步考虑他人的观点和想法。随着年龄的增长，个体的观点采择能力也在增长，但是这并不意味着成年人完全能够摆脱自我中心思维，从别人角度出发去理解他人。近年来，观点采择逐渐回归人格与社会的研究领域，应用在群际关系与人际关系之中。观点采择能力与共情（empathy）的概念之间存在交叉，认为共情包含四个维度：观点采择、想象、共情关注和个人悲伤，其中观点采择是共情发生的重要成分。从概念分析中可以看出，共情还包括他人情绪和情感的体会，而观点采择侧重于对理解他人认知能力的描述。

在亲密关系研究中发现，配偶一方的观点采择能力会对夫妻双方的婚姻满意度造成影响。如果一方不能很好地理解其配偶，会直接导致另一方提出离婚。其他相似研究也发现，观点采择对于保持婚姻关系和提升婚姻满意度都具有重要的预测作用。在工作—家庭交互影响关系的夫妻交叉影响机制中，夫妻之间的相互的体察和感受是交叉影响发生的重要机制。在对日本426对双职工的工

第 7 章 研究三：工作—家庭界面对夫妻婚姻满意度的影响模式研究：夫妻成对分析

作投入交叉影响效应的考察中发现，夫妻的观点采择能力会对交叉效应起到调节作用，并且这种调节效应在女性群体中更为显著。这项研究可以提示我们，在集体主义文化背景下探讨工作—家庭关系要关注和人际关系导向相关的变量和因素。观点采择能力体现出在人际互动中个体对于他人的理解能力，是人际互动成功的重要影响因素。对于降低人际冲突提升人际和谐及利益最大化有较强的正面促进作用。在工作和家庭两个生活领域中，人际互动和人际活动是主要的表现形式，因而是否能顺利处理人际之间的互动，缓解不同角色冲突，是影响工作—家庭关系的重要因素。综合考虑以上观点可以看出，观点采择能力有可能是预测夫妻妥善处理工作—家庭关系的重要前因变量。

人际互动性是社会和管理心理学中的重要考察问题，许多心理和行为是在人际互动中产生。随着社会科学领域中研究方法和数据统计技术的进步，越来越多的研究将目光锁定在成对关系的考察，如亲子、恋人及夫妻关系。而夫妻又是成对关系中最为常见和稳定的关系之一，相当数量的研究关注人格及个性特征的夫妻互动影响。行动者—对象效应模型是成对模型（Actor-Partner Interdependent Model，APIM）是考察互动关系的重要理论模型。在 APIM 模型中，要求数据结构表现为成对的形式，因此该模型常应用在家庭和亲密关系的研究之中。该模型既可以考察个体预测变量对自身行为的影响，称为行动者效应（如考察丈夫的人格特点对自身行为结果和满意度的影响），又能够考察其对关系中成员的效应，称为"对象效应"（丈夫的人格特点对妻子的行为结果和满意度的影响）。APIM 基本模型假设图如图 7.4 所示。

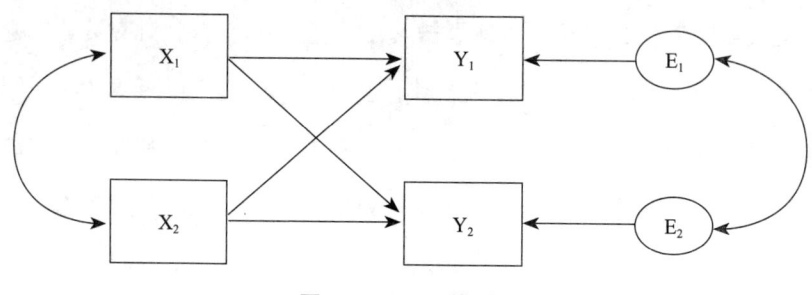

图 7.4 APIM 模型图

观测变量,椭圆代表不可观测的变量,单向直线箭头表示变量之间的方向性,而曲线双箭头表示变量之间的互依性。每一对个体拥有两个观测变量的数值,X 和 Y。其中,X 对于 Y 具有预测作用,X_1,Y_1 表示一对中的一个人的得分,X_2,Y_2 是另一个个体的得分。考察 X_i 对 Y_i 的作用就是对行动者效应的考察,考察 X_i 对 Y_j 的作用就被称为对象效应。本研究根据 APIM 模型及工作—家庭界面关系的相关理论,针对所考察的问题提出以下假设分析。

1. 观点采择能力、夫妻互依性及其性别不对称性分析

成对分析中最为基本的构念在于关系中的两个个体在预测变量上的得分并不是相互独立的,即这两个变量之间存在相互作用(interdependence)。因此,在使用行动者对象效应模型认为成对关系中的两个个体在预测变量上的得分具有高度的互依性。观点采择能力是指个体对他人处境、感受和想法的认知和理解能力。夫妻在处理日常生活事务时,对对方的理解是互动中的重要环节,因此,本研究假设:

假设 1:夫妻的观点采择能力具有互依性。

由于性别角色特点，女性具有更多的人际导向性，因此对于关系中他人情绪及心理的体察比男性更为敏感。加之在婚姻生活中，女性通常有更多的照料者的角色，对于理解他人的需求和想法的能力相对较高。因而，本研究假设，夫妻之间的观点采择能力并不对称，具有性别差异。

假设2：妻子的观点采择能力高于丈夫。

2. 观点采择能力对工作—家庭关系的影响

从工作—家庭相互影响关系的理论中可以看出，工作—家庭冲突的实质是个人工作角色需求与家庭角色需求之间的矛盾。这种矛盾的产生一方面是由于客观的工作环境以及现代社会生存环境的现实压力，另一方面也源于个体自身以及在互动环境中所形成的角色期待与现实情况的矛盾。现代工作—家庭平衡理论提出，工作—家庭平衡存在两方面含义，主观的平衡感与客观平衡。客观平衡是指个体实际的工作角色和家庭角色的完成情况，而主观平衡感是指个体对于工作—家庭角色的主观角色期待的完成情况。从这个角度出发，如何与工作和家庭领域内的相关成员协商调整相应的角色期待，对减少随后的工作与家庭之间的负性侵扰，实现工作和家庭之间的良性促进，具有关键性的意义。

从观点采择相关研究中可以发现，不论是在夫妻婚姻关系中的研究还是在社会心理学其他主题的研究中，避免人际冲突其主要的研究意义所在。对待同一件事情和同一个问题情境时，不同个体由于所处的角度不同，所代表的利益不同，会产生冲突和碰撞。相互理解和尊重是将冲突和碰撞降低的有效途径。在谈判协商的研究中发现，自利动机（self-serving）是谈判推进的最大障碍。谈判者如在谈判进程中站在他人立场上考虑问题，将顺利推进谈判过程，避免冲突，进而达到一致结果。同样，在社会心理学的群际关系研究中也发现类似结果，观点采择可以缓解内群体成员对于外群体的焦虑情绪，从而改善不同群体之间的群际关系，避免群际冲突，使群体之间的利益达到最大化。根据上述分析可以看出，观点采择能力可以是个体产生更多的避免冲突，而扩大利益共享的行为倾向。因而，本研究假设：

假设3a：丈夫观点采择能力能够降低其工作—家庭冲突与家庭工作冲突；

假设3b：丈夫观点采择能力能够提升其工作—家庭增益与家庭—工作增益；

假设3c：妻子的观点采择能力能够降低其工作—家庭冲突与家庭—工作冲突；

假设3d：妻子的观点采择能力能够提升其工作—家庭增益与家庭—工作增益。

工作—家庭溢出交叉模型认为双职工工作夫妻所感受到的关于工作和家庭的压力及资源均会在日常的夫妻生活互动中相互交叉和影响，虽然目前关于双职工夫妻之间交叉影响的实证研究还相对较少，但是已有研究的结果较为一致地发现了这种人际影响的效应。研究者对工作—家庭交叉效应的发生机制做出解释：首先，夫妻之间面临相同的生活场景和问题，因而具有相同的压力源；其次，个体不同的压力状态导致夫妻之间的互动发生变化，进而产生交叉影响；最后，关于交叉效应产生的原因分析在于夫妻双方之间的共情的发生。观点采择能力是共情的首要成分，能够促进情绪情感的交流和沟通。结合夫妻成对研究的思路，本研究认为双职工夫妻之间的观点采择能力会对对方的工作—家庭关系产生交叉影响，即存在对象效应。当丈夫拥有理解妻子的能力时，会促使妻子降低工作和家庭之间的冲突，并促进其工作和家庭之间的积极影响的发生；而当妻子站在丈夫的角度来思考问题时，也能够对丈夫产生相类似的影响。

假设4a：丈夫观点采择能力会降低妻子的工作—家庭冲突与家庭—工作冲突；

假设4b：妻子观点采择能力会降低丈夫的工作—家庭冲突与家庭—工作冲突；

假设4c：丈夫的观点采择能力会提升妻子的工作—家庭增益与家庭—工作增益；

假设4d：妻子的观点采择能力会提升丈夫的工作—家庭增益与家庭—工作增益。

此外，在考察成对数据的效应时，除了对行动者以及对象效应的考察，还包含对交互效应的考察。对交互效应的考察可以理解为形同变量在成对双方间的影响作用的考察。通常交互作用的考察包括三种形式：第一种常见的形式为乘积项的考察；第二种是采用预测变量在被试双方的相似性作为研究指标，常用的指标包括计算预测变量的差值、相关等；其他的交互作用指标有形成新的预测变量的方法，如从两者中选取得分较高的个体作为新的预测变量考察其对双方结果变量的影响等。其中，对于一致性的考察是成对研究中交互效应的常见形式。已有的关于个体特性对于结果行为或者关系质量的影响的研究中发现，配对个体的一致性越高，对于关系的满意度的影响越积极；而一致性越低，积极影响越小，但也有一些研究没有得出此种趋势。根据本研究的研究变量的含义，我们可以做出推测，即夫妻双方的观点采择能力越一致，其工作—家庭消极影响越低，而工作—家庭积极影响越高。

假设5：丈夫和妻子的观点采择能力的一致性越高，其工作—家庭之间的冲突越低，而工作—家庭之间的促进越高。

3. 观点采择能力在夫妻之间影响的性别差异

在考察行动者—对象效应模型中，不同的性别角色对于影响对象所发出的对象效应并不完全对等。有些研究主题中发现，女性对于男性的对象效应显著，而有些研究主题则发现男性对女性的对象效应显著。因此，在分析对象效应时，应将性别差异纳入其中。在夫妻工作—家庭关系的研究中发现，女性和男性的角色分工导致其对工作—家庭关系的处理上有所差异。在我国文化背景下，由于"男主外，女主内"社会价值信念的约束，男性的工作—家庭冲突比女性的工作—家庭冲突要大，因而夫妻之间女性通常会对男性给予更多的支持和包容。但对于同是双职工角色的妻子来讲，如果能从丈夫那里得到理解和尊重，将会有效缓解妻子所感知到的工作和家庭之间的压力。因此，本研究假设：

假设6：丈夫的观点采择能力对妻子的工作—家庭关系的影响要大于妻子对丈夫的影响。

综合以上问题和假设分析，本研究的研究模型如图7.5所示。

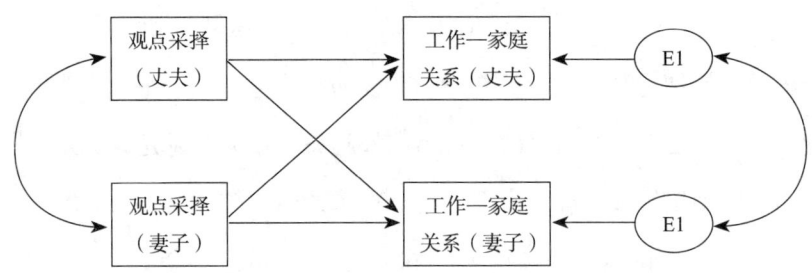

图7.5　夫妻观点采择的行动者对象效应影响模型图

7.2.3　研究方法

1. 研究设计

研究采用夫妻成对设计，由心理学背景的调研人员说明本项调查的目的，对夫妻填答问卷进行指导，要求夫妻双方独立填答相同内容的问卷，之后统一回收装订。对于参加研究的被试我们会赠予其一些纪念礼品。

2. 研究被试

同子研究一中夫妻被试。

3. 研究工具

（1）工作—家庭关系问卷：同研究一、研究二。在本研究中，该问卷在丈夫群体中的内部一致性的系数：工作—家庭冲突为0.80，家庭—工作冲突为0.75，工作—家庭增益为0.67，家庭—工作增益为0.75；在妻子被试群体中的内部一致性系数分别为：工作—家庭冲突为0.81，家庭—工作冲突为0.85，工作—家庭增益为0.55，家庭—工作增益为0.75。除工作—家庭增益分量表之外，其他分量表的内部一致性指标都达到了良好。

（2）观点采择测量工具：本研究对观点采择的测量采用研究者（Davis，1983）编制的人际反应指标（Interpersonal Reactivity Index）中观点采择能力分量表，该量表共包含7个条目，问卷采用7点计分，测量个体对与他人观点和感受的理解能力。由于本研究是专门针对配偶关系的研究，因而将原始量表中的"他人"替换成"配偶"（Péloquin，Lafontaine，2010b）。题目包括"我会尽量通过想象配偶对这个问题的看法来更好地理解他（她）。""当我对我的配偶不满时，我会站在她（他）的角度来考虑问题。"量表中还包含反向计分的题目，如"我发现，有时候很难从配偶的立场来看问题"。该量表在本研究中丈夫的内部一致性为0.65；在妻子被试中的一致性为0.80。

4. 数据统计与分析

数据分析方法采用成对数据处理方法。由于本研究考察的夫妻成对关系，因而属于可区分配对，观点采择能力是混合预测变量（既在被试内变化，又在被试间变化），性别为被试内变量，观点采择能力的相似性为被试间变量，结果变量为工作—家庭关系。采用 SEM 建模的方法进行数据分析，结果变量有四个方面的评估，分别包括工作—家庭冲突，家庭—工作冲突，工作—家庭增益，家庭—工作增益，因此一共建立四个独立的模型，分别对这四个方面的工作—家庭关系进行考察，分析软件为 SPSS21.0 和 AMOS22.0。其中，工作—家庭冲突和工作—家庭增益是预测变量，夫妻的婚姻满意度为结果变量，因本研究采用成对数据分析的方式，因此数据格式如表 7.5 所示。

表 7.5 成对数据排列格式

Dyad	X		Y	
	X_1	X_2	Y_1	Y_2
1	X_{11}	X_{12}	Y_{11}	Y_{12}
2	X_{12}	X_{22}	Y_{21}	Y_{22}
…	…	…	…	…
k	X_{k1}	X_{k2}	Y_{k1}	Y_{k2}

7.2.4 结果

1. 共同方法偏差控制

由于本研究仅采用问卷方法对被试作答，可能会产生共同方法偏差。但由于研究采用成对数据分析,并且在问卷设计的时候,尽量采用不同评级的计分方式,分别有 1~7 计分,以及 1~5 计分等形式。因此,本研究很好地避免了共同方法偏差的问题(周浩,龙立荣,2004)。

2. 验证性因素分析

对研究的观点采择量表进行互依性结构验证,量表的结构模型拟合良好。

3. 描述性统计分析

分别对本研究夫妻被试在各个量表得分的平均数和标准差进行统计,结果如表 7.6 所示。

表 7.6 各量表得分的描述性统计分析

测量值	全距	丈夫(平均值、标准差)	妻子(平均值、标准差)
PT	7~49	33.6 ± 6.6	34.0 ± 6.0
WFC	5~25	12.8 ± 4.9	12.1 ± 4.8
WFE	5~25	12.8 ± 3.0	13.0 ± 3.6
FWC	4~20	9.0 ± 3.9	9.1 ± 4.2
FWE	4~20	16.1 ± 3.0	16.3 ± 3.0

4. 观点采择能力的互依性检验

分别对丈夫和妻子的观点采择能力进行互依性检验,由于丈夫和妻子是可以区分的配对数据,因此,采用皮尔逊相关对数据进行分析,相关系数 r=0.45 (p<0.0001)。这表明,丈夫和妻子之间的观点采择能力达到相关显著的水平。假设 1 得到验证,具有高度互依性。丈夫和妻子的工作—家庭关系变量之间的

相关系数：工作—家庭冲突为 r=0.42（p<0.0001）；工作—家庭增益为 r=0.39（p<0.0001）；家庭—工作冲突为 r=0.49（p<0.0001）；家庭—工作增益为 r=0.44（p<0.0001）。结果显示，夫妻在工作—家庭关系各个维度均具有高度相关性和互依性。

丈夫和妻子各自研究变量的相关系数分别见表 7.7 和表 7.8 所示。

表 7.7　丈夫观点采择和工作—家庭关系各维度的相关系数

研究变量	PT	WFC	WFE	FWC	FWE
PT	1	—	—	—	—
WFC	−0.21**	1	—	—	—
WFE	0.35**	−0.11	1	—	—
FWC	−0.21**	0.41**	0.007	1	—
FWE	0.42**	0.03	0.47**	−0.24**	1

注：*p<0.05，**p<0.01，***p<0.001。

表 7.8　妻子观点采择和工作—家庭个关系维度的相关系数

研究变量	PT	WFC	WFE	FWC	FWE
PT	1	—	—	—	—
WFC	−0.02	1	—	—	—
WFE	0.29**	0.02	1	—	—
FWC	−0.11	0.50**	0.07	1	—
FWE	0.40**	0.10	0.42**	−0.15**	1

注：*p<0.05，**p<0.01，***p<0.001。

5. 性别差异分析

采用配对样本 t 检验，对观点采择能力进行性别差异检验。为减少抽样误差，

第7章 研究三：工作—家庭界面对夫妻婚姻满意度的影响模式研究：夫妻成对分析

采用偏差矫正白分为的Bootstrap的方法对样本偏差进行矫正。结果显示，夫妻的观点采择能力在本研究中的性别差异不显著，t（291）=1.44，p=0.15（>0.05）。这表明，双职工丈夫和妻子之间的观点采择能力没有显著差异，假设2未得到验证。在对工作—家庭关系四个维度进行性别差异分析发现，只有工作—家庭冲突存在显著差异，t（291）=2.12，p=0.03（<0.05），男性的工作—家庭冲突显著高于女性的工作—家庭冲突。这和以往的研究具有一致之处。

6. 主效应和交互效应检验

用结构方程模型以及回归的方法分别对行动者效应、对象效应及交互作用进行分析。在APIM模型分析时，采取观测变量的路径分析模型，将工作—家庭关系的四个分量表分别作为因变量进行分析。为减少抽样误差，参数估计时采用无偏差百分位Bootstrap矫正方法对样本进行2000次抽取。行动者效应和对象效应的系数如下所示。

（1）行动者效应分析。首先考察丈夫对其工作—家庭关系的行动者效应，路径分析系数显示，丈夫观点采择能力对其工作—家庭双向冲突的负向影响显著，对工作—家庭冲突的影响为系数为：bs=-0.26、CR=-4.01（p<0.0001），对家庭—工作冲突的影响为：bs=-0.24、CR=-3.34（p<0.0001），结果验证假设3a。在对丈夫观点采择能力对丈夫的工作—家庭增益的分析中发现其积极预测作用显著，对工作—家庭增益的预测系数为：bs=0.38、CR=6.10（p<0.0001），对家庭—工作增益的预测系数为：bs=0.37、CR=6.8（p<0.0001）。研究结果验证假设3b。

在对妻子行动者效应的考察中，路径分析结果显示，妻子的观点采择能力对其工作—家庭冲突的预测作用不显著，bs=-0.05、CR=-0.79（p=0.43>0.05），但对其家庭-冲突预测作用显著，bs=-0.48、CR=-7.5（p=0.43<0.05）。假设3c部分得到验证；在对妻子观点采择能力对自身工作—家庭增益的作用分析中发现，妻子的观点采择能力能够正向预测其工作—家庭双向增益，具体结果如下，对工作—家庭增益的影响为bs=0.32、CR=5.05（p<0.0001），对家庭—工作增益的影响为bs=0.41、CR=6.9（p<0.0001），假设3d得到验证。

（2）对象效应分析。其次考察丈夫和妻子之间的观点采择能力对彼此工作—家庭关系影响的对象效应，路径系数分析结果显示，丈夫的观点采择能力对妻子的工作—家庭双向冲突的负向影响显著，对工作—家庭冲突的影响为bs=-0.16、CR=-2.48（p=0.01），对家庭—工作冲突的影响为bs=-0.12、CR=-1.89（p=0.053），假设4a得到验证。在对丈夫观点采择能力对妻子的工作—家庭双向增益的考察中，结果显示，丈夫对妻子的工作—家庭的双向增益的影响均不显著，对工作—家庭增益的影响系数为，bs=0.067、CR=0.98（p=0.39），对家庭—工作增益的影响为bs=0.02、CR=0.32（p=0.748），假设4b没有得到验证。

在对妻子的观点采择能力对丈夫的工作—家庭关系的考察中发现，妻子对丈夫的工作—家庭冲突的负向影响显著，bs=-0.12、CR=-1.9（p=0.053），但是对其家庭—工作冲突影响不显著，bs=-0.01、CR=-1.72（p=0.86），假设4c部分得到验证。考察妻子观点采择能力对丈夫工作—家庭双向增益的研究结果显示，其对象效应均不显著。对工作—家庭增益的影响系数为bs=0.61、CR=1.1（p=0.27），对家庭—工作增益的影响结果为bs=0.10、CR=1.74（p=0.08），假设4d没有得到验证。

第7章 研究三：工作—家庭界面对夫妻婚姻满意度的影响模式研究：夫妻成对分析

（3）交互效应分析。分析夫妻双方在观点采择得分的一致性对于各自工作—家庭关系的影响。首先，生成夫妻双方观点采择的相似性变量，根据以往对于人格相似性的研究，本研究将夫妻双方观点采择能力的差值的绝对值作为相似性指标，得分越高表示双方的观点采择能力越不一致，得分越低表示双方的观点采择能力越一致。从夫妻的工作—家庭各变量之间的相关系数来看，其相关程度非常高，相关系数达到0.4及以上。根据以往成对研究中的分析预测变量一致性对结果变量的影响的分析方法，可以将夫妻的结果变量进行合并。之后，分别对夫妻双方工作—家庭关系的结果变量做回归分析，为减少抽样误差，采用百分位偏差矫正的Bootstrap对研究样本进行2000次抽取。结果发现，夫妻观点采择的一致性对于夫妻工作—家庭冲突和家庭—工作增益的影响达到0.05边缘显著，分别为b=0.11、t=1.82、p=0.06、b=−0.11、t=−1.84、p=0.06。而夫妻观点采择能力的一致性对工作—家庭增益及家庭—工作冲突的影响均没有达到显著水平，结果部分验证假设5。

在分析不同性别的对象效应是否存在差异时，使用结构方程模型中多重模型分析的方法，首先将APIM自由估计的模型的作为默认模型（modle1），其次将两条表示对象效应的路径固定为相等（W2=W4），最后比较限制模型（model2）和默认模型之间的区别。该检验的零假设为：model1=model2，即默认模型与限制模型之间没有显著性差别。分别对存在对象效应的工作—家庭双向冲突进行检验，结果发现，在工作—家庭冲突的模型比较中，modle2与model1相比较，$\Delta \chi^2=7.92$、df=1、p=0.005（<0.05），model2的χ^2增量显著，并且NIF和IFI增量均达到0.06>0.05。这说明，限制模型与默认模型之间有显著性区别，因此，可以拒绝零假设，对象效应被固定相等之后的模型与原模型并不是同一个模型，也说明对象效应之间存在显著的性别差异。从 APIM 对象标准化系数分析发现，丈夫的观点采择能力对妻子工作—家庭冲突，比妻子观点采择能力对丈夫的工作—家庭冲突的影响显著。采用同样的方法在对家庭—冲突模型的比较中发现，路径系数限制模型与自由模型进行比较，模型拟合比较指标如下：$\Delta\chi^2$=2.37、df=1、p=0.12>0.05，NIF 和 IFI 的增量 0.015<0.05。这说明，限制模型与自由模型之间没有显著性区别，接受零假设，说明对象影响效应在性别之间没有差异。该结果部分证实假设 6。

7.2.5 讨论

本研究考察了观点采择能力对夫妻工作—家庭关系的影响。根据观点采择能力和工作—家庭影响关系的相关理论，在前两个研究的基础之上，结合中国社会文化背景的特点，提出并检验了相关假设。

首先，本研究发现，观点采择能力在夫妻之间并不是独立的变量，而是具有一定的互依性，这为本研究的后续分析奠定了基础。研究使用行动者—对象效应模型，分别对夫妻观点采择能力对双职工夫妻的工作—家庭关系的四个维度的影响进行了分析。在对行动者效应的考察中，研究结果显示，丈夫的观点采择能力对工作—家庭双向冲突与工作—家庭双向增益的影响均显著：当丈夫的观点采择能力越高，则能更有效地降低其工作—家庭双向冲突的发生，并且能够提升其工作—家庭双向增益的出现。结果符合研究之前的假设分析，观点采择能力会降低冲突的发生，促进利益最大化。对妻子的观点采择能力对其工作—家庭关系的四个维度进行分析，结果显示，除了妻子的观点采择能力对自

第7章 研究三：工作—家庭界面对夫妻婚姻满意度的影响模式研究：夫妻成对分析

己工作—家庭冲突的预测作用不显著，对其他三个维度的预测效果均显著。这种结果的出现，可能由于工作—家庭冲突在本研究中的性别差异，即丈夫的工作—家庭冲突显著高于妻子的工作—家庭冲突，而妻子面临的工作—家庭冲突不如丈夫明显。本研究的样本均是中学生的家长，年龄分布在中年阶段。在此阶段，大部分女性的事业相对趋于稳定，会将更多的精力投入在家庭的照顾和孩子的教养的问题上。此外，对于女性群体来讲，尤其是作为妻子和母亲的角色，宽容和理解能力是比较基本的心理能力，因而相对于男性来讲，女性的观点采择能力对冲突的缓解作用不如男性显著。

行动者效应的分析结果对工作—家庭关系研究的相关理论进行了补充。近年来，关于工作—家庭的前因变量的研究越来越倾向于对个体性格倾向的探讨。之前的研究多集中在情绪情感特征及稳定人格特质的探索，对于社会文化背景相关的个性特征探讨相对偏少，而对此主题的探讨对于理解相应文化下员工的工作—家庭之间的关系具有更为现实的意义。集体主义文化是中国的主要的文化形式，人际关系性是重要的文化导向。这一点在工作—家庭关系的处理上也有所反映。因此，已有的集体主义文化背景下的工作—家庭关系的主题，开始选取和人际关系相关的变量进行探讨，如亲情人格、组织嵌入、观点采择、同感等变量的探讨。本研究第一次系统地探讨夫妻观点采择能力对于工作—家庭关系的影响，在对已有研究的继承的基础上进行了拓展。

在对象效应的分析中可以发现，丈夫和妻子的观点采择能力会对自己的伴侣的工作—家庭关系的处理产生影响。结果显示，丈夫和妻子的观点采择能力均能对对方的工作—家庭双向冲突产生影响，即丈夫的观点采择能力可以缓解妻子的工作—家庭冲突和家庭工作冲突，而妻子的观点采择能力也能够缓解丈夫的工作—家庭冲突与家庭—工作冲突。这与以往的研究具有一致之处。

首先，观点采择能力的基本影响之一就是缓解人际冲突和群体冲突，本研究同时收集了丈夫和妻子的数据，夫妻之间观点采择能力对彼此工作—家庭双向冲突的缓解对这一观点有了更为充分的说明。同时这也说明，夫妻之间的人格特性、心理特征与个性特征不仅会对个体的行为结果产生影响，而且还会影响到对方的行为结果。夫妻亲密关系具有高度共享的生活环境和心理环境，一方的想法和态度会对另一方的心理和行为产生相应的变化。对夫妻人格一致性、对夫妻工作—家庭关系的影响分析也说明了这一点，即夫妻的观点采择能力之间的差异越小，其工作—家庭冲突越小，越愿意支持对方的事业的发展，即家庭—工作增益越大；而夫妻之间的观点采择能力差异越大，其工作—家庭冲突越大，对彼此的工作促进就越小。

其次，本研究中也有一些假设没有得到验证。第一，丈夫和妻子的观点采择能力并没有显著差异，这可能由于我们选择的都是中年夫妻，结婚时间大都在15年左右，所以，无论是丈夫还是妻子都具有了理解彼此的一定能力，导致性别差异不是很显著。第二，夫妻观点采择能力对工作—家庭双向增益的对象效应并没有出现显著效应。这一方面是由于工作—家庭增益对中国个体来说受到客观的工作性质影响较大；另一方面有相关研究表明，个体工作—家庭增益对其他家庭成员的影响需要更多的互动频次，仅仅对对方的理解能力可能不足以促进对方工作—家庭增益的发生。这提示我们今后应对工作—家庭增益更敏感的指标进行探索。

最后，本研究发现，夫妻观点采择能力的对象效应存在性别差异，即丈夫的观点采择能力对妻子的工作—家庭冲突的影响较大。这与以往的研究具有一致之处，丈夫对于妻子的影响大于妻子对于丈夫的影响。这可能是由于女性的人际导向性更强，易受到亲密关系中他人的影响。

7.2.6 小结

本研究探讨了观点采择能力对夫妻的工作—家庭关系的影响，得出了以下结论。

（1）夫妻之间的观点采择能力具有互依性。

（2）丈夫的观点采择能力对自身工作—家庭双向冲突和工作—家庭双向增益的行动者效应显著，妻子的观点采择能力对于自身的工作—家庭双向冲突有所缓解，对于工作—家庭的双向增益有所促进。

（3）夫妻之间的观点采择能力对对方的工作—家庭双向冲突的对象效应显著。丈夫的观点采择能力将缓解妻子的工作—家庭双向冲突，妻子观点采择能力对丈夫的工作—家庭双向冲突也有所缓解。

（4）夫妻的观点采择能力的相似性可以减轻工作—家庭冲突，促进家庭—工作增益。

（5）夫妻的观点采择能力的对象效应存在性别差异。丈夫观点采择能力对妻子工作—家庭冲突，比妻子观点采择能力对丈夫的工作—家庭冲突的影响更大。

第8章 研究四：父母工作—家庭冲突（增益）对青少年子女与家庭亲密度及网络成瘾的影响研究

在核心家庭领域中，除了夫妻关系之外，亲子关系是另外一种重要的人际关系。研究者提出，对家庭的理解，往往集中在三个层面：第一层面是从个体的角度来分析，第二层面从夫妻、亲子的人际互动来分析，第三层面可以上升到对家庭整体功能和氛围的分析（Shek，2010）。在工作—家庭的研究中，有一部分研究者关注到父母的工作—家庭关系对孩子的心理调适能力及问题行为的出现的影响。研究较为一致地发现，父母的工作压力及其对家庭的侵扰对孩子的心理健康及行为表现有显著影响。目前，大部分研究是在西方文化背景下进行探讨，并且研究被试多以儿童为主。在中国社会文化背景下，对父母来讲，对孩子的抚养和教育是重要的责任和议题。中国父母普遍认为孩子的前途最重要，大部分家长会选择为孩子的发展付出极大的心血，因此对孩子的抚养和教育是家庭活动、家庭事务中的一项重要任务。在现代竞争激烈的社会环境下，个人事业的发展也被认为是关系家庭和子女的重要决定因素。事业发展而带来的对家庭生活的牺牲现象不可避免。青少年处在青春期的发育阶段，生理和心理都发生着剧烈的变化，与父母的冲突也是这一阶段的突出表现，需要得到父母更多的关注和陪伴。已有研究表明，家庭功能的完善是避免青少年问题行为出现的最核心保护性因素之一；家庭功能的缺失和混乱将会导致青少年的问题行为出现，进而诱发更多的家庭矛盾，影响父母的工作和整体的幸福感状况。因此，探讨父母工作—家庭之间的关系对青少年的心理和行为的影响对于理解家庭的互动模式、对家庭整体的和谐发展都具有重要的指导意义。

8.1 研究目的

在研究三的基础上，本研究进一步探讨了父母的工作—家庭冲突（增益）对青少年子女的家庭亲密度及青少年的网络成瘾的中介模型的探讨，同时收集父母和青少年子女的数据，对相关假设和问题进行验证和探讨。

8.2 问题和假设提出

一些研究者认为，在考量工作对个体家庭及家庭生活的影响时，不应将目光局限在夫妻之间的探讨，还应关注家庭的另一层核心的人际关系，即父母和子女之间的相互作用和影响。夫妻工作状况对其子女的研究始于20世纪四五十年代。当时，研究的主题主要是由于妇女开始进入劳动力市场，研究者开始关注工作的母亲会不会忽略对孩子的抚养，进而导致孩子产生抑郁相关的心理问题。但是研究发现，职业母亲和孩子的抑郁心理之间没有显著的正向关联。之后的研究开始转向关注父母双方，尤其是父亲的工作压力对家庭角色完成质量的影响。虽然有一些数量的研究关注到父母的工作情况对于子女的心理适应性的研究，但是数量相对较少，尤其是对青少年期子女的心理及其问题行为的影响探讨的研究就更加不足。而处于青春期的孩子，不论是在心理发育还是在生理发育方面都面临着巨大的冲突和挑战，父母在此时也面临着巨大的教育压力。与此同时，青春期的孩子的父母大都处于中年期间，在事业发展上处于上升阶段。因此，此阶段的父母也面临着相对复杂的工作—家庭任务。综上所述，有针对性地探讨父母工作—家庭的关系对于青少年的心理调适及随后的问题行为的探讨，对于减少和避免青少年问题行为的出现、减少家庭问题的出现都具有非常重要的理论意义和现实意义。

8.2.1 父母工作—家庭冲突（增益）对青少年家庭亲密度的影响

相关研究发现，父母亲感知到的工作压力会减少其下班后对孩子的抚育热情，进而影响孩子的情绪。然而，也有研究表明，父母双方的工作耗竭感会影响孩子在学校的学业耗竭感。父母的工作状况会通过婚姻生活的互动影响孩子的幸福感。家庭功能（family functioning）概念的提出使研究者由单独探讨某个家庭影响因素或者变量的研究视角，转移到将家庭看作一个系统的整体来分析，

第8章 研究四：父母工作—家庭冲突（增益）对青少年子女的家庭亲密度及网络成瘾的影响研究

Olson 在其家庭环状系统理论中提出的家庭亲密度概念，是衡量家庭成员之间的情感联结和互动的指标。在随后的研究中发现，家庭亲密度是反映家庭整体功能的一个非常重要和有预测力的指标。家庭亲密度良好的个体所在家庭系统运转较为顺畅，而家庭亲密度评价过低的个体所处的家庭系统的运转则存在一定的障碍。当父母工作—冲突强烈时，由于工作过多地消耗掉父母的个体资源，因而会使其在家庭生活中的精力和热情减退，进而使孩子的家庭亲密感降低；反之，当父母的能够将工作中的积极体验带回到家庭，并将工作中所累积的资源迁移到家庭生活中，从而使家庭的整体生活质量上升时，将会使孩子的家庭亲密度上升。

假设 1a：父亲的工作—家庭冲突和孩子的家庭亲密度之间存在负相关；

假设 1b：母亲的工作—家庭冲突和孩子的家庭亲密度之间存在负相关；

假设 1c：父亲的工作—家庭增益和孩子的家庭亲密度之间存在正相关；

假设 1d：母亲的工作—家庭增益和孩子的家庭亲密度之间存在正相关。

8.2.2 家庭亲密度对青少年网络成瘾的影响

近年来，在对青少年问题行为的考察中，网络成瘾是引起社会、家庭及学校广泛关注的一个主题。如何在网络时代预防和减少青少年不当网络使用及其相应的次生危害是热点研究主题。已有研究发现，家庭功能是预测青少年问题行为的重要预测指标。尽管在青春期，青少年从对原生家庭的依赖中开始转向更复杂的环境系统，但是在这一个阶段，家庭环境仍然是青少年最重要的近端环境。并且在这个阶段，由于自我意识的逐渐成熟，青少年和家庭与父母的矛盾开始增加，导致其对和父母的互动质量的要求升高。一旦青少年感受到家庭功能不顺畅，不足以支撑其发展和成长时，将会导致其问题行为的出现。例如，以往研究集中探讨了家庭功能对青少年的酗酒、吸烟、暴力攻击及网络成瘾的影响。家庭亲密度对网络成瘾具有相对一致的预测作用（高玉峰等，2013；胡宁等，2009），因此，本研究提出下面的假设。

假设2：青少年家庭亲密度和其网络成瘾负相关。

8.2.3 父母工作—家庭冲突（增益）对青少年网络成瘾的中介作用分析

根据上述分析可以看出，父母工作—家庭的处理关系会影响青少年的心理调适、幸福感水平及问题行为。接下来，对这种关系所发生的可能的心理机制为何值得研究进行分析和探讨。首先，已有研究较为一致地得出家庭功能是影响青少年健康发展的重要因素。在家庭功能和谐顺畅的情况下，如进行更多有效的沟通、亲密接触及互动等因素均是避免青少年出现问题行为的重要保护因素。尤其近些年在对网络不当使用的研究中发现，网络成瘾的一个主要诱因是个体人际关系的缺陷。对于青少年来说，家庭成员之间的不良互动模式是最重要的影响因素。其次，在工作—家庭主题的研究中发现，父母的工作压力及对工作过分地对家庭的侵扰将会导致其家庭角色水平下降，出现情绪和心理耗竭，有更多的退缩和敌意表现，出现更多的无效沟通，因此会使青少年感到家庭成员之间的互动质量下降。而当父母事业发展顺利、在工作中体会到愉悦和收获可以促进家庭生活时，则会提升青少年对家庭成员互动质量的感知。综合来看，父母工作—家庭关系对于青少年问题行为的影响，会通过影响到青少年对与家庭功能和互动的感知来完成的。

假设3：青少年家庭亲密度中介了父母工作—家庭冲突（增益）对其网络成瘾的影响。

综上分析，可以提出本研究的研究框架图，见图8.1。

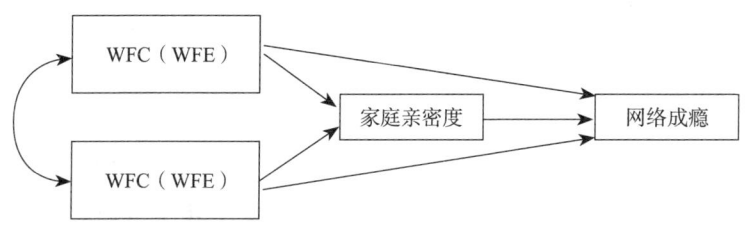

图 8.1 父母工作—家庭冲突（增益）对青少年影响路径图

8.3 研究方法

8.3.1 被试

本研究同时包括父母的样本和子女的样本。

（1）父母被试信息同研究三。

（2）青少年被试：本研究共收集了300名青少年被试信息，可以和父母匹配成功并作答完整的被试共有292名。被试来自厦门、深圳、广东、湖北等地的多个中学，年级主要集中在初二到高一年级。其中，男生114人，女生182人，平均年龄为（14.0±1.46）岁。

8.3.2 研究工具

（1）工作—家庭冲突问卷：同研究三。

（2）工作—家庭增益问卷：同研究三。

（3）家庭亲密度问卷：对家庭亲密度的测量选取研究者（Olson，1982）所编制的家庭亲密度和适应性量表（FACES Ⅱ）的家庭亲密度分量表（费力鹏，1991）。该量表测量家庭成员之间的情感联系。量表共包含16个条目，采用1~5分计分方式：1分表示"不是"，5分表示"总是"。问卷包括正向计分和反向计分，正向计分的题目"在有难处的时候，家庭成员都会尽最大努力相互支持"，反向计分的题目包括"家庭成员与朋友的关系比家庭成员之间的关系更密切"。在本研究中，该问卷的内部一致性的系数为0.8。

（4）中学生网络成瘾诊断量表：对青少年的网络成瘾的评定采用中学生网络成瘾诊断量表（昝玲玲，刘炳伦，刘兆玺，2008）。该量表是以中学生为被试群体编制，符合中学生的网络使用情况和特点。量表共包含13个条目，分别从上网渴求和耐受、戒断反应和不良后果三个角度来评定中学生的网络成瘾状况，问卷的采用两点计分，0表示"不是"，"1"表示"是"。分数越高表示个体的网络成瘾现象越严重。分数达到5分以上，即表示上网已经成瘾。问卷条目内容如："我要花更多时间上网才会觉得过瘾。""上网使我的成绩下滑。"该量表在本研究中的内部一致性系数为0.72。本研究中有21名青少年的得分超过5分，占总样本量的7%。

8.3.3 研究设计与实施

本研究采用问卷法同时收集父母和孩子的测量信息。通过联系相关中学，抽取符合条件的双职工父母家庭的学生，采取自愿报名参加测试的方法，由6名心理学背景的调研员讲解测试的目的和问卷填答注意事项。

本研究是关于父母对工作—家庭关系的处理情况对孩子的心理健康及网络使用行为的影响的调查。父母的问卷设计中包括自己对工作—家庭关系的情况调查，孩子的问卷中包括自己对家庭生活的一些感受及日常网络使用情况的一些调查。问卷结果只用于研究，不会反馈给学校和老师，最后会针对总体数据进行分析，也不会暴露个人的信息。在问卷的填答中有以下的注意事项。

（1）第一，问卷须由父母和孩子三个人同时并且独立作答，回收时要将三个人的问卷同时回收。

（2）第二，三个人的问卷要放在一个文件袋中。保证每一个家庭的问卷是可以单独识别的。

8.3.4 数据统计和分析

本研究的数据采用SPSS21.0及Amos22.0进行统计和分析。其中，SPSS21.0用于描述性统计分析和中介效应检验，Amos22.0用于路径分析。

8.4 结果

8.4.1 验证性因素分析

对研究中的家庭亲密度问卷和网络成瘾问卷进行验证性分析，问卷结构拟合良好。

8.4.2 共同方法偏差控制

本研究采用同时收集父母和子女的数据采集的方法，避免所有结果来自同一批被试，从研究设计上有效地避免了共同方法偏差的产生。

8.4.3 描述性结果统计

对青少年在家庭亲密度和网络成瘾问卷得分进行描述性统计，结果如表8.1所示。

表 8.1 青少年家庭亲密度和网络成瘾得分描述性统计结果

测量值	全距	平均数、标准差
家庭亲密度	13~69	44.6 ± 8.7
网络成瘾	0~5	1.45 ± 2.0

对父母工作—家庭冲突（增益）和青少年家庭亲密度得分和网络成瘾得分进行相关分析，结果如表8.2所示。

表 8.2 研究各变量的相关系数表

研究变量	WFC（F）	WFC（M）	WFE（F）	WFE（M）	INTIMACY	INA
WFC（F）	1	—	—	—	—	—
WFC（M）	0.43**	1	—	—	—	—
WFE（F）	−0.086	−0.094	1	—	—	—
WFE（M）	0.014	0.014	0.376**	1	—	—
INTIMACY	−0.192**	−0.16**	0.144*	0.056	1	—
INA	−0.035	−0.041	−0.092	−0.066	−0.134*	1

注：*p<0.05，**p<0.01，***p<0.001。

8.4.4 假设检验和分析

针对假设中的理论框架图分别对父母的工作—家庭冲突和工作—家庭增益做两次路径分析，结果显示，父亲的工作—家庭冲突对青少年子女的家庭亲密度有显著的负面影响，bs=−0.152、CR=−2.4（p=0.016<0.05），母亲的工作—家庭冲突对青少年子女的家庭亲密度没有显著作用，bs=−0.094。假设1a得到验证，但是假设1b没有得到验证。父亲的工作—家庭增益对青少年子女的家庭亲密度有显著的正性预测，bs=0.143、CR=2.3（p=0.02<0.05），母亲的工作—家庭增益对青少年子女的家庭亲密度影响不显著，bs=0.002。假设1c得到验证，假设1d没有得到验证。

在两个模型的路径分析中，青少年的家庭亲密度对其网络成瘾都有显著的负面预测作用，bs=−0.15、CR=−2.54（p=0.01）、bs=−0.12、CR=−2.12（p=0.03<0.05）。这表明，青少年所感知到的家庭亲密度越强，越能够避免网络成瘾现象的发生，假设2得到验证。

在对中介效应的分析中，因母亲的工作—家庭冲突（增益）对青少年的心理影响不显著，因而只对父亲的影响进行分析。本研究采用研究者（Preacher，Hayes，2008）基于自举的中介效应检验程序所推荐的偏差矫正的 bootstrap 法进行中介检验，该方法是目前对于中介检验较为准确的统计方法。研究采取 SPSS22.0 对 bootstrap 区间检验的脚本进行运行，自变量为父亲的工作—家庭冲突（增益），因变量为青少年的网络成瘾，中介变量为家庭亲密度，协变量为母亲的工作—家庭冲突（增益）bootstrap 生成样本数为 5000，置信区间为 95%。结果显示，父亲工作—家庭冲突对青少年子女的网络成瘾的中介区间为 [0.0018，0.025]，区间内不包括 0，表明中介效应显著。父亲工作—家庭增益对青少年的网络成瘾的中介区间为 [–0.035，–0.004]，区间内不包括 0，表明中介效应显著，假设 3 部分得到验证。

8.5 讨论

本研究探讨了父母的工作—家庭冲突（增益）对青少年的家庭亲密度和网络成瘾之间的影响，研究验证了相关假设。

首先，研究发现，在同时考察父亲和母亲的工作—家庭冲突（增益）对青少年的家庭亲密度的影响时，父亲的工作—家庭冲突（增益）对青少年的家庭亲密度造成影响，母亲的工作—家庭冲突（增益）对青少年的家庭亲密度没有显著影响。这种研究结果的出现印证了目前家长工作—家庭关系对青少年心理与行为影响的研究思路，即由母亲的工作—家庭关系对青少年的心理的影响，

第8章 研究四：父母工作—家庭冲突（增益）对青少年子女的家庭亲密度及网络成瘾的影响研究

转而研究父亲工作对家庭角色的完成质量的情况对青少年心理和健康的影响。这一方面是由于男性和女性在家庭分工中存在一定的区别，男性更倾向将精力投入工作中去，从而会忽略对家庭责任的履行，而大部分女性虽然也要面临工作的责任，但还是会将精力投入家庭中，尤其是对孩子的抚育。另一方面，随着年龄的增加，青少年在成长阶段对父亲的教育和投入的需要逐渐增加。从本研究的结果也可以看出，当父亲由于工作而忽略了对家庭的照顾时，将降低青少年对家庭成员之间的情感交流和沟通的感知。而当父亲评价自己的工作能够促进其在家庭中的表现时，将有效提升青少年对于家庭成员之间的情感的交流和感知。这说明了在青少年发展阶段，父亲维持工作—家庭平衡对于其子女的心理健康发展的关键性作用。

其次，研究发现青少年的家庭亲密度与其网络成瘾之间的相关显著，这和以往研究结果具有一致性。网络成瘾是中学生问题行为中的高发行为之一，如何减少青少年的病理网络使用行为是社会、学校及家庭共同关注的问题。在目前对青少年的网络成瘾的研究中，家庭影响因素是不容忽视的重要影响因素。其中，父母和子女良性的家庭互动，包括顺畅的情感沟通、安全的依恋及民主的教养方式，均能够良好地避免青少年的网络成瘾行为。家庭成员之间的良性情感互动是预防网络成瘾的关键因素，本研究的结果再次印证了这一观点。

再次，本研究在检验父母的工作—家庭冲突（增益）对网络成瘾的直接影响效应时，发现其影响的系数并不显著。以往研究也出现过直接考察父母的工作压力对青少年的问题行为的直接预测作用不显著的研究报告，但是在推荐的bootstrap中介模型的检验显示，父亲的工作—家庭冲突（增益）通过影响家庭亲密度进而对青少年子女的网络成瘾的效应显著。这种结果提示家长的工作和家庭之间的关系特征虽然不能直接诱发青少年的某种特定的问题行为的出现，但是可以影响到家庭生活的质量，如影响父母和子女之间的情感沟通，进而对青少年的问题行为造成影响。在今后的研究中，要注意从这个角度和思路进行更多的探索，发现潜在的负面影响因素和保护因素并注意结合较新的数据分析方法。在本研究中，如果用传统的中介分析方法，当发现父亲工作—家庭冲突（增益）对青少年的家庭亲密度的影响不显著时，就会停止后面的分析，从而掩盖掉间接影响效应。

最后，本研究中主要集中在研究父母的工作—家庭冲突（增益）对青少年的家庭亲密度感知和网络成瘾的影响，但是对于青少年的个性特征及对父母的工作的评价的考虑不是很充分。研究发现，青少年的个性特征及其对父母的工作的评价和感知，同样也会影响其心理和后续的行为表现，今后的研究应该结合青少年对父母工作的评价和反馈进行研究设计，这样才能更系统地反映出家庭成员之间的互动。

8.6 结论

本研究通过两个子研究的探讨，得出以下的主要结论：

（1）丈夫的工作—家庭冲突会降低其自身的婚姻满意度，丈夫的工作—家庭增益可以提升自身的婚姻满意度。

（2）妻子的工作—家庭冲突会降低其自身的婚姻满意度，妻子的工作—家庭增益可以提升自身的婚姻满意度。

第8章 研究四：父母工作—家庭冲突（增益）对青少年子女的家庭亲密度及网络成瘾的影响研究

（3）妻子的工作—家庭冲突对丈夫的婚姻满意度影响显著。

（4）父亲的工作—家庭冲突可以降低青少年子女的家庭亲密度，父亲的工作—家庭增益可以提升青少年子女的家庭亲密度。

（5）父亲的工作—家庭冲突（增益）可以通过影响青少年子女的家庭亲密度进而诱发（减少）青少年的网络成瘾现象。

第 9 章　双职工工作—家庭关系对家庭生活的影响分析

如何保持工作—家庭平衡是现代组织和社会关注的热点问题。促进员工的工作—家庭平衡，不仅能够使员工更好地投入工作中去，为组织创造更大的效益，还会对员工的身心健康产生重要的影响，将减少因员工的身心健康问题而给组织带来的潜在风险和损失。对个人而言，促进工作—家庭平衡，享受工作和家庭相互促进的益处是提升幸福感的有效途径。对于家庭而言，工作—家庭之间的平衡是减少家庭矛盾、增加家人和谐相处的重要前提。近年来，越来越多的研究者关注到我国员工的工作—家庭之间的关系，一方面由于当今社会的个体所面临的工作压力在提升，组织和家庭对个人的要求也在不断提升，工作和家庭之间的冲突成为一种重要的压力源；另一方面，双职工家庭目前是我国最主要的工作—家庭形式，丈夫和妻子将同时承担工作角色和家庭角色。这也为员工保持工作和家庭之间的平衡带来了很大的挑战。虽然工作—家庭平衡议题已经引起中国社会和组织的关注,但是相对于西方社会对此议题的系统化研究,我国对此的研究和有效的实践均处于起步和摸索阶段。在以往对工作—家庭关系的研究大多借用西方的理论和构念,虽然得出了一些有意义的研究结论,但是对于理解我国目前员工的实际工作和家庭之间的作用关系,以及影响模式的理解均尚不深入,从而在很大程度上制约了工作—家庭政策的制定和实践推广。

本研究结合中国社会文化背景中对待工作和家庭的文化信念价值观,及工作—家庭界面研究中的资源保存理论和溢出—交叉模型,尝试对员工的工作—家庭界面的特点及其对个人和家庭的影响模式进行分析,并对相关理论进行了相应的拓展和整合,具有一定的实践与理论意义。

9.1 系统性视角看待员工工作—家庭界面

近年来,研究者倾向于将工作—家庭界面看作一个系统性的整体,认为在考察个体工作和家庭之间关系时,应同时考察工作和家庭积极和消极的影响。研究者认为,要完整地理解工作—家庭界面的关系,就要以一个整合性的视角同时看待这四个方面(Frone,2003;Grzywacz,Carlson,2007)。

本研究采用这种思路,考察员工的工作—家庭界面中的积极效应和消极效应,以及其影响模式。研究一采用以"人为中心"的研究思路,根据员工在工作和家庭之间的双向冲突和双向增益的四个维度得分分出两个潜在类别,分别为积极型和矛盾型。积极型的员工得分显示出高的双向增益和低的双向冲突,矛盾型员工显示出工作对家庭的消极影响,而同时又体现出高的家庭对工作的促进。有研究表明，矛盾型的工作—家庭界面模式常常出现在集体主义文化下，是一种消极的工作—家庭界面作用模式，虽然存在家庭—工作增益高得分，但是相对升高的家庭—工作冲突也会使员工的生活满意度下降。同其他文化下一致的是，我国员工也反映出了积极型和消极型的工作—家庭界面模式。但是与欧美文化下的研究不同的是，在本研究中，被试只显示出了两种潜在的工作—家庭界面模式，没有出现活跃型及无影响型的结构。这种结果可以从以下几个方面进行分析。

首先，积极型结构的出现表明所调查员工大多数能够维持工作—家庭平衡，这与大多数研究结果相一致。但是从具体的得分维度中我们可以看出，员工的家庭—工作增益得分最高，而家庭—工作冲突得分最低，这种结果说明了在积极型的员工中，家庭对工作的促进是重要的资源，个体的家庭相对于工作表现出了宽容和忍耐，个体较少感知到家庭对工作的侵扰，从中我们也可以推论家庭对个体事业发展的支持和贡献是维持工作—家庭平衡的重要资源。

其次，矛盾型是所调查的员工的工作—家庭界面的另一个主要的形式，其主要表现为工作对家庭存在消极影响，而家庭对工作表现出积极的影响。进一步分析发现，这类员工的工作—家庭冲突得分相对较高，工作对家庭的促进较少；相反家庭对工作的促进较高，但是冲突相对较少。在之前的研究中发现，矛盾型的工作—家庭界面结果会更多表现在集体主义文化下。这主要是由于集体主义文化中个体会更多地将精力投入工作中，家庭也会对个体的工作表现出更多的支持。结合前文对中国文化背景下员工工作—家庭信念的分析，矛盾型的工作—家庭界面模式反映了中国文化背景中的工作优先性及家庭的基础性。个体会将工作任务放在相对优先完成的位置，有时会以牺牲家庭生活作为代价。

第9章 双职工工作—家庭关系对家庭生活的影响分析

从矛盾型和积极型的被试特点比较中可以发现，矛盾型的员工中男性员工显著多于积极组中的男性员工。这表明，男性员工会更多地为事业付出，矛盾型的员工比积极组的员工报告了更少的父母支持，这可能是其工作—家庭之间双向冲突上升的一个重要原因。尽管如此，在矛盾型界面中，家庭—工作增益仍然远远超过工作—家庭增益。虽然个体会将工作放在优先的地位发展，但背后有潜在的条件，即认为个体的工作与事业成就能够为家庭的整体发展带来益处。但从目前的分析来看，个体所感知到的工作所带来对家庭的负面侵扰显著高于工作能给家庭带来的益处；从长远工作—家庭发展的视角来看，却为个体维持工作和家庭之间的平衡带来了隐患。

从西方个体主义文化下对工作—家庭关系分析可以看出，工作和家庭是两个对等的系统，个体既要承担工作角色也要平等地履行家庭责任，因而会出现活跃性和对应的无影响的工作—家庭界面形式。其中，无影响型的工作—家庭界面形式的员工会倾向于将工作和家庭作为分割的两个领域，活跃型的工作—家庭界面是员工倾向于将工作和家庭联结在一起，从而造成高冲突和高增益。反观我们对于工作和家庭的社会价值信念可以发现，工作和家庭并不是两个平等对立的领域那么简单。

在东方集体主义文化下的个体工作和家庭之间的关系并不如西方社会下的独立和对等。个体的工作和家庭之间表现出一定的等级地位，这种等级地位表现为以下几个特点。

首先，儒家文化倡导积极入世的心态，以解决现实生存问题为主要的目的。其"内生外王"的人格理想充满了积极上进、建功立业的色彩，并鼓励人们为了实现理想而积极奋斗，将牺牲个人生活、勤奋工作、促进社会发展、造福天下百姓视作一种美德，"天下兴亡，匹夫有责""先天下之忧而忧，后天下之乐而乐"正是反映了这种思想。"修身、齐家、治国、平天下"的理念更直接地反映了儒家文化中工作—家庭关系的次序性，"修身、齐家"被认为是个体的基础任务目标，而更高的理想在于"治国与平天下"。因此，为了实现更高层次的理想与追求，暂时将家庭利益放在次要地位对中国个体来讲是可以接受的。最近一项研究发现，"牺牲工作"的工作—家庭观念氛围会对个体工作满意度和家庭满意度造成负面的影响，而"牺牲家庭"的观念氛围则不会影响个体的工作满意度和家庭满意度。这项研究结果也表明，在我国的文化背景中，"为工作而牺牲家庭"是一种相当普遍和常态的现象（李贵卿，Reid，2014）。除了传统文化的影响之外，个体对于事业的优先追求还与我国目前的经济发展尚未达到发达水平有很大的关联，个体的工作承担着养家糊口、维持生计的重要功能，努力工作对个体和家庭均有十分重要的物质供给地位。

其次，家庭在中国个体的精神系统中占据着非常重要的基础性地位。不同于西方的核心家庭观念，中国个体的家庭往往代表着整个家族的概念。"家族主义"是中国人的核心的文化观念。家族生活是中国个体的最为基础的社会生活。家庭成员之间的和谐共处，相互支持，同呼吸，共命运的观念是中国个体的核心价值观念。因而，处于基础地位的家庭会支持个体的事业发展。这里个体从家庭得到的对事业的支持，也不仅仅来自核心家庭之中的夫妻，从资源保存理论的角度来看，个体更倾向于将易得的资源进行投资以期获取和累积高层不易得到的资源。当易得资源储备不足或者损失过大时，将使个体产生压力和耗竭从而影响其对高层级资源的追求（Halbesleben et al.，2014）。对中国个体而言，家庭支持和家庭资源相对于工作资源来讲，是更为易得的资源。因此，个体也会将更多的家庭资源迁移到工作中去，以期获得更多的工作资源；反之，当家庭支持资源不足时，则会导致个体的工作表现下降。研究者（Jin，Ford，Chen，2013）选取北美和中国两个样本对工作—家庭双向溢出进行考察。研究发现，北美样本的工作—家庭方向的溢出高于中国样本，而中国个体的家庭—工作方向溢出高于北美样本。马红宇等人（2013）在探讨家庭边界弹性能力时发现，不管个体的边界弹性意愿如何，家庭边界弹性能力的增加始终可以预测个体的家庭—工作冲突的降低和家庭—工作增益的提升。这些研究表明，中国个体的家庭边界偏弱，因此资源易流动到工作领域。

最后，中国员工的工作和家庭之间的整体性，通过对中国个体的工作优先性和家庭的基础性地位的分析，我们可以看出，对中国个体来讲，事业和家庭之间存在更多深层的联结。个体奋斗事业会得到全家人的支持，而事业给家庭带来的益处也可以实现家庭的整体性的目标发展。对中国个体而言，事业和家庭能够实现"双丰收"的时候是一种最为理想的生活状态。从更深入的角度进行分析，个体对事业和家庭这种整体性认知源于中国个体的整体性认知特点。研究表明，中国个体对不同的角色之间的管理没有清晰的划分，角色之间具有较高的渗透性，倾向于进行整体性管理。

本研究的结果印证了上述对于工作—家庭界面的价值信念的影响，不管是积极型的员工还是矛盾型的员工，都表现出了高的家庭—工作增益，但是一旦家庭—工作冲突上升将会使员工的工作—家庭不平衡的产生。这表明了工作的优先性和家庭的基础支持性地位，这一方面可能是由于客观上组织为员工提供的工作对家庭支持资源偏少，另一方面可能是由于员工的价值信念更倾向使用家庭资源作为基础的支持资源。

9.2 资源保存理论在工作—家庭界面机制研究的推进

资源保存理论从个体资源变化的角度解释了个体在压力情境下的心理和行为的变化。资源保存理论是解释工作—家庭界面作用机制的重要理论。本研究以资源保存理论的相关观点为理论基础，探讨了工作—家庭冲突和工作—家庭增益对个体工作满意度及家庭满意度的影响。根据资源保存理论的假设，工作—家庭冲突从本质上来讲是一种压力，会造成个体资源的损失，进而造成消极的影响。而工作—家庭增益从本质上来讲是一种促进，使资源进行累积，进而使个体拥有更多资源，使积极的影响发生。

本研究中的研究二系统地探讨了工作—家庭界面的四个维度对员工的工作满意度和家庭满意度的影响。研究结果显示，工作—家庭双向冲突能够降低员工的满意度，员工的工作—家庭双向增益会提升员工的满意度。

结合研究一中国员工的工作—家庭界面的特点发现，员工的工作和家庭之间存在深层的连接，员工在一个领域内的行为和心理会影响到其另一个领域，因此员工的工作—家庭界面模式更符合交叉影响的模式：工作—家庭冲突和工作—家庭增益会影响到员工的家庭满意度，家庭—工作冲突和家庭—工作增益能够影响到员工的工作满意度。除此之外，本研究还发现了除了交叉影响模式，工作—家庭增益和家庭—工作冲突表现出了复合式的影响模式。这一方面体现出员工价值信念中对于工作的优先态度，另一方面也体现出家庭在员工生活系统中的基础地位，一旦家庭需求侵扰到工作，不能够继续满足个体工作任务的完成，将直接导致个体的工作态度下降。这一点在以往研究中已经得到较为稳定的验证和阐述。同时，本研究还对家庭的基础地位这一点进行了补充。不仅家庭对工作的负面侵扰会影响到个体工作的完成，家庭对工作的促进也能够极大地提升个体的工作满意度。这说明个体将家庭中累积的资源会对个体的工作行为产生积极的提升和改变。工作—家庭增益对家庭满意度的显著提升的结果也体现出了工作—家庭之间的整体关系，即个体工作为家庭提供资源，促进家庭生活的质量的提升，将使个体对家庭生活的满意度也得到极大的提升。这对中国文化背景下个体对待工作和家庭关系的价值观特点，提供了更进一步的证据支持，工作与家庭相比具有优先地位，但是这种优先性是以家庭生活的基础性和工作—家庭之间的紧密关联性作为支撑。但处在基础资源地位的家庭生活一旦不能支持个体事业的奋斗，不仅会影响个体的事业发展，相反也会使个体对家庭生活的积极态度下降。当初在优先发展地位的工作能够对家庭发展起到推动作用，将会使个体对工作的热情也相应上升，促使其更为努力地奋斗，以期积累更多的资源。

从工作—家庭关系的动态变化的分析中可以看出，工作—家庭在某一时间点的表现形式，会对其下一个时间点的表现形式产生影响。这一方面印证了工作—家庭关系的系统性和动态性资源变化的特点；另一方面也体现出了中国员工的工作—家庭价值信念。也就是说，当个体的家庭基础资源不能支持个体的事业发展时，将会预测其下一个阶段的工作—家庭冲突的出现，造成资源的螺旋丧失，但是家庭资源对工作的迁移也会有效预防资源的流失和保护现有资源。而处于优先地位的工作一旦对家庭产生促进和助益之后，将会更有效地产生资源的螺旋累积，减少和预防资源的损失。

从上面的叙述可以看出，本研究印证了工作—家庭资源保存理论的基本观点，冲突可以带来消极影响，而增益可以促进积极表现（Brummelhuis，2012）；同时，员工的工作和家庭之间的层级地位也导致了资源变化影响的不对等，验证了资源保存理论对于资源价值问题的相关论述（J. R. B. Halbesleben, Neveu, Paustian-Underdahl, Westman, 2014）。家庭资源对于员工来讲是更为基础的资源，因而会被投入更高层级的工作领域中去，期望实现更高层级的目标。因此，如果高层级目标追求的过程中能够累积更多的资源，那么将会导致个体投入更多的低层级资源，并且促进更多的积极表现。但是一旦低层级资源受损，也会导致个体停止资源投入，并带来更多的资源损耗。

在对工作—家庭界面的影响机制考察中，本研究也针对资源保存理论的相关观点，将对情绪等不稳定资源的探索拓展到对结构性资源的探索。目前，对结构性资源的探索的研究相对较少。研究选取个体核心资源社会支持中的家庭支持进行考察，结果发现，家庭支持在员工工作—家庭界面对家庭满意度的影响中的中介作用显著。这说明，家庭支持作为一种员工的核心资源不仅能够缓冲工作—家庭冲突带来的消极结果，而且同时也能够被冲突所消耗，被增益累积进而降低或者提升员工的家庭满意度。同时，研究也表明，工作—家庭界面对于员工工作满意度的影响不通过家庭支持变量中介，工作—家庭界面对不同领域的影响是通过消耗领域内的核心资源来中介。今后，研究应考察将工作支持变量纳入考察模型中来探讨其对工作满意度的中介路径。

9.3 溢出—交叉模型和资源保存理论的整合对夫妻层面工作—家庭界面作用模式的解释

从研究三开始，研究对象从个体层面扩展到家庭系统层面开始探讨，工作和家庭对个体而言不仅是个体层面的活动，而且更多的是一种群体人际间的活动。这就使对工作—家庭界面的作用的考察需要将人际因素考虑在内，溢出—交叉理论的提出正是体现了这种思路，提出员工从工作领域所感受到的冲突和增益会带入家庭领域并在夫妻之间通过互动产生交叉影响，影响配偶的满意度和幸福感。近年来，运用溢出—交叉模型对夫妻之间的工作—家庭界面的交叉影响的探讨的研究逐渐增多，有研究者提出从长远的视角来看，对员工的生活满意度和婚姻满意度的探讨比只探讨员工的工作表现和工作满意度具有更深远的意义。

研究三从个体层面拓展到夫妻层面，同时考察夫妻的工作—家庭冲突（增益）对夫妻的婚姻满意度的影响，并且考察其中的作用机制。研究采用工作—家庭夫妻交叉影响模型研究思路对研究问题进行探讨和分析。研究发现，丈夫的工作—家庭冲突（增益）和妻子的工作—家庭冲突（增益）的互依性显著，适合进行成对数据的设计和分析，在建立夫妻工作—家庭冲突（增益）对夫妻婚姻满意度的影响的溢出—交叉模型进行分析之后发现，丈夫和妻子的工作—家庭冲突（增益）对各自的婚姻满意度的影响显著。无论是丈夫还是妻子，当工作侵扰到家庭生活时，都会降低自己的婚姻满意度；当工作促进家庭生活时，都会提升，这与以往的研究具有一致之处；当工作过分消耗自身的精力时，将会降低其婚姻表现行为；当工作为家庭生活带来益处和促进时，将会提升自身的婚姻满意度感知。

溢出—交叉模型的总结提出交叉效应发生的三个机制：情绪感染、共同压力源、家庭生活互动。近年来，研究对于夫妻的互动方式的中介机制考察相对较多。已有研究发现，工作—家庭冲突能够增加个体在婚姻生活中的敌意和退缩行为，进而影响自己的婚姻满意度和配偶的婚姻满意度。在以往研究的基础上，本研究考察了家庭支持在双职工夫妻工作—家庭界面对婚姻满意度影响中的机制作用。研究发现，家庭支持在双职工夫妻的婚姻满意度的影响的中介作用显著。这一方面弥补了溢出—交叉模型中的中介机制的研究，工作—家庭的消极关系除了会通过增加消极家庭行为从而影响员工的婚姻满意度同时，还能够减少积极的支持行为从而降低婚姻满意度，而积极的工作—家庭之间的关系将通过提升支持行为而提升婚姻满意度；另一方面，对夫妻之间的社会支持行为的中介机制的考察，将资源保存理论从个体层面拓展到了夫妻互动层面。连通了溢出—交叉模型和资源保存理论。

9.4 人际保护性核心资源的探讨

在对工作—家庭界面的影响探讨中，一项重要的任务是发现保护性因素，探讨如何减少冲突并且扩大增益进而达到平衡的状态（Brummelhuis，2012）。以往在保护性因素的探讨中，多集中在对客观因素的探讨上，而对个体主观的因素的探讨相对较少。目前，已有研究者开始探索个体因素在工作—家庭界面中的影响作用。例如，已有研究发现人格、情绪特征、个体对工作—家庭的价值信念对工作—家庭界面具有重要的影响。此外，在构建工作—家庭资源保存

第9章 双职工工作—家庭关系对家庭生活的影响分析

理论模型中提出,应将个体因素及心理特征作为核心保护性因素进行探索。结合这些理论,本研究将保护性因素的探讨从个体层面扩展到人际层面,从而探索人际层面的保护性资源。

研究二结合上述分析选取了观点采择能力这一具有人际代表性的人格变量,重点考察了双职工夫妻之间的观点采择能力对夫妻管理工作—家庭关系的影响。根据观点采择能力和工作—家庭影响关系的相关理论,研究二在前两个研究的基础之上,结合中国社会文化背景的特点,提出并检验了相关假设。

首先,本研究发现观点采择能力在夫妻之间并不是独立的变量,而是具有一定的互依性,这为本研究的后续分析奠定了基础。研究使用行动者—对象效应模型,分别对夫妻观点采择能力对双职工夫妻的工作—家庭关系的四个维度的影响进行了分析。在对行动者效应的考察中,研究结果显示,丈夫的观点采择能力对工作—家庭双向冲突与工作—家庭双向增益的影响均显著。丈夫的观点采择能力越高,则能更有效地降低其工作—家庭双向冲突的发生,并且能够提升其工作—家庭双向增益的出现。结果符合研究之前的假设分析,观点采择能力会降低冲突的发生,促进利益最大化。对妻子的观点采择能力对其工作—家庭关系的四个维度进行分析,结果显示,除了妻子的观点采择能力对自己工作—家庭冲突的预测作用不显著,对其他的三个维度的预测效果均显著。这种结果的出现,可能由于工作—家庭冲突在本研究中的性别差异,即丈夫的工作—家庭冲突显著高于妻子的工作—家庭冲突。妻子面临的工作—家庭冲突不如丈夫明显。本研究的样本均是中学生的家长,年龄分布在中年阶段。在此阶段,大部分女性的事业相对趋于稳定,会在照顾家庭和孩子的教养问题上投入更多的精力。对于女性群体来讲,尤其是作为妻子和母亲的角色,宽容和理解的能力是比较基本的心理能力,因而相对于男性来讲，女性的观点采择能力对冲突的缓解作用不如男性显著。

行动者效应的分析结果对工作—家庭关系研究的相关理论进行了补充。近年来，关于工作—家庭的前因变量的研究探讨，越来越倾向于对个体性格倾向的探讨。之前研究多集中在情绪情感特征及稳定人格特质的探索，对于社会文化背景相关的个性特征探讨相对偏少。对此主题的探讨对于理解相应文化下员工的工作—家庭之间的关系，具有更为现实的意义。集体主义文化是中国主要的文化形式，人际关系性是重要的文化导向。这点在工作—家庭关系的处理上也有所反映。因此，对已有的集体主义文化背景下的工作—家庭关系的主题开始选取和人际关系相关的变量进行探讨，如亲情人格、组织嵌入、观点采择、同感等变量的探讨。本研究第一次系统地探讨夫妻观点采择能力对于工作—家庭关系的影响，在对已有研究的继承的基础上进行了拓展。

对象效应的分析发现，丈夫和妻子的观点采择能力会对自己的伴侣的工作—家庭关系的处理产生影响。结果显示，丈夫和妻子的观点采择能力均能对对方的工作—家庭双向冲突产生影响，即丈夫的观点采择能力可以缓解妻子的工作—家庭冲突和家庭工作冲突，而妻子的观点采择能力也能够缓解丈夫的工作—家庭冲突与家庭—工作冲突。这和以往的研究具有一致之处，观点采择能力的基本影响之一就是缓解人际冲突和群体冲突，本研究同时收集了丈夫和妻子的数据，夫妻之间观点采择能力对彼此工作—家庭双向冲突的缓解对这一观点有了更为充分的说明。这同时也说明夫妻之间的人格特性、心理特征与个性特征，不仅会对个体的行为结果产生影响，同时会影响对方的行为结果。夫妻亲密关系具有高度共享的生活环境和心理环境，一方的想法和态度会对另一方的心理和行为产生相应的变化。在对夫妻人格一致性对夫妻工作—家庭关系的影响分析中也说明了这一点,即夫妻的观点采择能力之间的差异越小,其工作—家庭冲突越小,越愿意支持对方的事业的发展,即家庭—工作增益越大。而夫妻之间的观点采择能力差异越大,其工作—家庭冲突越大,对彼此的工作促进就越小。

其次,本研究中也有一些假设没有得到验证。第一,丈夫和妻子的观点采择能力并没有显著差异,这可能由于我们选择的都是中年夫妻,结婚时间大都在15年左右,无论是丈夫还是妻子都具有了理解彼此的一定能力,因此性别差异不是很显著。第二,夫妻观点采择能力对工作—家庭双向增益的对象效应并没有出现显著效应。这一方面是由于工作—家庭增益对中国个体来说受到客观的工作性质影响较大;另一方面,有相关研究表明,个体工作—家庭增益对其他家庭成员的影响需要更多的互动频次,仅仅对对方的理解能力可能不足以促进对方工作—家庭增益的发生。这提示我们今后应对工作—家庭增益更为敏感的指标进行探索。

最后,本研究发现夫妻观点采择能力的对象效应存在性别差异,即丈夫的观点采择能力对妻子的工作—家庭冲突的影响较大。这和以往的研究具有一致之处,丈夫对于妻子的影响大于妻子对于丈夫的影响。这可能是由于女性的人际导向性更强,易受到亲密关系中他人的影响。

9.5 工作—家庭界面特征对家庭系统的影响

从上述几项研究我们可以看出,中国员工当前所面临的工作—家庭冲突是一个主要的生活压力源。工作对家庭的侵扰是一种普遍的现象。在短期内工作的侵扰不会对个体的组织行为造成影响，当这种工作—家庭不均衡关系长久发展下去时，会使个体的家庭生活造成损害，最终影响个体的组织生活及其整体的生活状态。反之，工作对家庭的促进是中国个体的理想生活目标，能够促进家庭的整体发展，进而促使个体的积极组织行为和态度的出现。

在对家庭系统的探索中，本研究没有止步在对夫妻层面的探索，还进一步对另一种家庭核心关系亲子关系进行了探讨。预研究发现，受访员工很多提到自己工作太忙而无暇顾及对子女的教育和培养。家庭中最让他们惦记的也是孩子是否能健康成长。结合发展心理中的相关研究，我们发现，影响孩子健康发展的重要因素是父母和孩子之间的互动质量。因此，在本研究中，我们进一步探讨了父母的工作—家庭冲突（增益）对青少年的家庭亲密度和网络成瘾之间的影响，研究验证了相关假设。

首先，研究发现，在同时考察父亲和母亲的工作—家庭冲突（增益）对青少年的家庭亲密度的影响时，父亲的工作—家庭冲突（增益）对青少年的家庭亲密度造成影响，母亲的工作—家庭冲突（增益）对青少年的家庭亲密度没有显著影响。这种研究结果印证了目前家长工作—家庭关系对青少年心理与行为影响的研究思路，即由母亲的工作—家庭关系对青少年的心理的影响转而研究父亲工作对家庭角色的完成质量的情况，以及对青少年心理和健康的影响。这一方面是由于男性和女性在家庭分工中存在一定的区别，男性更倾向将精力投入工作中去，从而会忽略对家庭责任的履行。而大部分女性虽然也要面临工作的责任，但是还是会将精力投入家庭中，尤其是对孩子的抚育。另一方面，随着年龄的增加，青少年在成长阶段对父亲的教育和投入的需要逐渐增加。从本研究结果也可以看出，当父亲由于工作忽略了对家庭的照顾时，将降低青少年对家庭成员之间的情感交流和沟通的感知。而当父亲评价自己的工作能够促进其在家庭中的表现时，将有效地提升青少年对于家庭成员之间的情感的交流和感知。这说明，在青少年发展阶段，父亲维持工作—家庭平衡对于其子女的心理健康发展的关键性作用。

其次，研究发现，青少年的家庭亲密度与其网络成瘾之间的相关显著，这和以往研究结果具有一致性。网络成瘾是中学生问题行为中的高发行为之一，如何减少青少年的病理网络使用行为是社会、学校及家庭共同关注的问题。在目前对青少年的网络成瘾的研究中，家庭影响因素是不容忽视的重要影响因素。其中，父母和子女良性的家庭互动，包括顺畅的情感沟通、安全的依恋及民主的教养方式，均能够良好地避免青少年的网络成瘾行为。此外，家庭成员之间的良性情感互动是预防网络成瘾的关键因素。本研究的结果再次印证了这一观点。

再次，本研究在检验父母的工作—家庭冲突（增益）对网络成瘾的直接影响效应时发现，其影响的系数并不显著。以往研究也出现过直接考察父母的工作压力对青少年的问题行为的直接预测作用不显著的研究报告，但是在推荐的bootstrap中介模型的检验中显示，父亲的工作—家庭冲突（增益）通过影响家庭亲密度进而对青少年子女的网络成瘾的效应显著。这种结果提示我们，家长的工作和家庭之间的关系特征虽然不能直接诱发青少年的某种特定的问题行为的出现，但是可以通过影响到家庭生活的质量，如影响父母和子女之间的情感沟通，进而对青少年的问题行为造成影响。在今后的研究中，要注意从这个角度和思路进行更多的探索，发现潜在的负面影响因素和保护因素。并注意结合较新的数据分析方法。在本研究中，如果用传统的中介分析方法，当发现父亲工作—家庭冲突（增益）对青少年的家庭亲密度的影响不显著时，就会停止后面的分析，从而掩盖间接影响效应。

最后，本研究主要集中在研究父母的工作—家庭冲突（增益）对青少年的家庭亲密度感知和网络成瘾的影响，但是对于青少年的个性特征及对父母工作评价的考虑不是很充分。研究发现，青少年的个性特征及其对父母的工作的评价和感知，同样也会影响其心理和后续的行为表现。今后的研究应该结合青少年对父母工作的评价和反馈进行研究，并以此来设计和考量才能更系统地反映出家庭成员之间的互动。

9.6 理论贡献

本研究的理论贡献主要有以下四个方面。

首先，从系统性视角来看待员工工作和家庭之间的关系。本研究结合以"人为中心"的分类学研究思想，采用潜在剖面分析的研究方法，对1486名员工的工作—家庭双向冲突和双向增益同时进行分析。研究结果反映,受试员工的工作—家庭界面的特点可以分为两个潜在类别，这和以往西方社会的研究既有一致之处又有特殊之处。研究结果也充分反映了员工对待工作—家庭关系的信念。在对工作—家庭影响模式的研究中，均采用了同时考察冲突和增益的系统性视角。

生态系统理论是近年来工作—家庭领域比较前沿的研究理论生态系统理论，强调对个体行为的研究要紧密结合其生活的生态环境中来，工作和生活是两个领域微系统中所有的人际关系及其体验到人际活动及角色活动所组成的全部活

第9章 双职工工作—家庭关系对家庭生活的影响分析

动。工作和家庭是两个相交的系统，存在着交叉影响的中间系统。那么个体在一个领域内所经历的活动及情绪变化会对另外一个领域内的人际活动产生影响。本研究重点考察了个体的工作对家庭所产生的影响对夫妻及亲子关系的互动，揭示了其互动的规律和机制。将研究焦点从个体层面和组织层面拓展到家庭系统层面；同时，在个体层面和家庭层面，探讨了工作—家庭界面对个体和家庭影响及其机制，提出了工作—家庭界面关系对于家庭生活的影响及其机制，还从个体层面到夫妻层面到亲子层面，对问题进行了多层面的综合考虑。

其次，对资源保存理论和溢出—交叉理论进行了整合，资源保存理论从资源的得失及流动变化的角度，解释了个体工作和家庭之间的作用关系及其对行为结果的影响。本研究结果印证了资源保存理论的相关观点，如资源的损失会引起资源的进一步损失，而资源的累积会引起进一步资源的投资和累积，并且这种资源的变化还具有层级性，即个体倾向将低层易得的资源迁移到高层资源的获得中去。研究中个体的家庭—工作增益得分在工作—家庭界面特征四个关系中得分最高，也说明了这个问题；而低层级资源的丧失会引起更多的资源的丧失，高层次资源的累积会获得更多的资源累积的行为。从中介机制的检验中也发现，家庭支持作为一种核心资源中介了工作—家庭界面关系对个体的工作满意度和家庭满意度的影响。同时，在夫妻的溢出—交叉效应的考察依旧发现了这种中介作用。

研究发现了观点采择能力是夫妻之间工作—家庭平衡的重要保护性因素，这一方面弥补了资源保存理论中所提到的核心资源的种类，另一方面也反映出在我国文化的背景下，人际性因素相关的变量对工作—家庭之间关系的重要作用，有效地结合了资源保存理论和溢出—交叉模型。

再次，性别角色差异是本研究的一个重要的发现，性别在工作—家庭主题的研究中是一个重要的考察变量。尤其在中国文化背景下，"男主外，女主内"的观念对男性和女性处理工作和家庭之间的界面关系及夫妻之间包括对子女的影响都有不同的表现和差异。研究稳定地发现，在双职工家庭中，男性所面临的工作—家庭冲突更高，对妻子的工作—家庭界面的处理关系更敏感。而男性对于妻子的理解和尊重则会对女性的工作—家庭平衡带来更多的收获。在处理青春期子女的问题上，父亲的工作—家庭的界面特征对于子女的心理健康和问题行为具有显著的影响，而母亲的影响则不显著。这些研究结论完善了工作—家庭界面中所涉及的多种性别角色差异。

最后，本研究对青少年的健康发展理论也有所补充和促进。近年来，在对青少年问题行为和保护因素的探讨中发现，家庭功能是影响青少年健康发展的重要因素。尤其在对青少年网络成瘾的研究中发现，家庭成员之间的情感交流是一项重要的预测指标。本研究在此基础上拓展了研究的范围，结合父母的工作—家庭界面的关系特征，探讨父母对工作和家庭的关系状况对青少年的家庭亲密度和网络成瘾的关系，将父母的生活状态和子女的生活状态很好地结合在一起。

9.7 实践贡献

本研究对应用实践也起到了一定的引导作用。

（1）对个人的健康生活来讲，现代人所面临的重要问题之一是对工作和家

第9章 双职工工作—家庭关系对家庭生活的影响分析

庭关系的处理，本研究提示我们应注意在发展工作的时候顾及家庭的发展，妥善处理自己的工作压力，减少工作对家庭的负面侵扰。增加夫妻之间的相互理解，这样不仅会给个人的事业带来更多的发展机会，同时还能够避免夫妻矛盾及亲子矛盾。

（2）对组织来说，本研究也提示组织要更多地注重对员工家庭生活的关注，让员工更多地感受到工作对家庭的积极影响。从长期的发展来看，这样能够激励员工对工作更为投入，减少员工的负面情绪和健康问题，从而提高组织的生产力。

（3）对家庭来讲，本研究发现，夫妻之间的相互理解对双方处理好工作和家庭关系都有相当的促进作用。而父亲减少工作对家庭的负面侵扰，促进对家庭的积极影响，将有效地增加孩子和家庭成员之间的情感沟通和交流，并且减少其网络成瘾的问题行为。

第 10 章　研究小结与主要的研究结论

　　本研究以中国文化背景下员工的工作—家庭关系特征为出发点，分别探讨对工作—家庭关系造成影响的前因变量，以及在中国文化特点下个体的工作—家庭关系特征对个体工作行为结果、家庭行为结果及对家庭其他成员和关系的心理和行为的影响探讨。研究主要的结论如下。

　　（1）受访员工的工作压力相对较大，工作对家庭的冲突明显。影响到员工的生活和幸福感。组织所提供的助益和支持能够很好地提升员工的工作状态并且使员工将之迁移到生活中去，提升个人生活幸福感和家庭幸福感。家庭是员工获得支持的主要来源，家庭提供的支持可以维持个体工作的顺利完成，并且家庭成员之间的理解是维持工作—家庭平衡的重要因素。虽然家庭对工作的负面侵扰相对较少，一旦家庭不能再支持员工工作时，将会影响个体的整体的生活状态和工作状态。

　　（2）调查员工的工作—家庭界面表现出两个较为显著的结构模式，即积极型和矛盾型。积极型员工表现出高的家庭—工作增益和工作—家庭增益，以及低的工作—家庭冲突和家庭—工作冲突。矛盾型员工表现出高的工作—家庭冲突和低工作—家庭增益，高的家庭—工作增益和低家庭—工作冲突。积极型员工中的女性员工的比例高于矛盾型员工中的女性比例。同时积极型员工报告了更多的父母对家庭的支持。

（3）员工的工作—家庭关系对工作满意度和家庭满意度的影响，更支持跨领域交叉影响模型。但是，由于我国文化背景下个体对于工作—家庭关系的价值信念的影响，又表现出了一些更为复杂的影响模式，即家庭—工作冲突不仅影响个体的工作满意度也会影响到个体的家庭满意度，工作—家庭增益也会同时影响个体的工作满意度和家庭满意度。在夫妻层面上发现了相同的影响模式，夫妻的工作—家庭冲突（增益）会互相影响其婚姻满意度，丈夫的工作—家庭冲突会降低其自身的婚姻满意度，工作—家庭增益可以提升自身的婚姻满意度。妻子的工作—家庭冲突会降低其自身的婚姻满意度，工作—家庭增益可以提升自身的婚姻满意度。夫妻之间的婚姻满意度存在交叉影响。

（4）家庭支持是工作—家庭界面影响家庭满意度和婚姻满意度的中介变量。不论是在个体层面还是在夫妻层面。工作—家庭冲突能够降低家庭支持，进而影响到婚姻满意度；工作—家庭增益则能够增加家庭支持，进而增加婚姻满意度。

（5）观点采择能力是夫妻工作—家庭平衡的重要保护性因素。丈夫的观点采择能力对自身工作—家庭双向冲突和工作—家庭双向增益的行动者效应显著，妻子的观点采择能力对于自身的工作—家庭双向冲突有所缓解，对于工作—家庭的双向增益有所促进。夫妻之间的观点采择能力对对方的工作—家庭双向冲突的对象效应显著。丈夫的观点采择能力将缓解妻子的工作—家庭双向冲突；

妻子的观点采择能力对丈夫的工作—家庭双向冲突也有所缓解。夫妻的观点采择能力的相似性可以减轻工作—家庭冲突,促进家庭—工作增益。

(6)在考察父母的工作—家庭关系对子女的研究中发现,父亲的工作—家庭冲突会降低青少年子女的家庭亲密度,父亲的工作—家庭增益可以提升青少年子女的家庭亲密度。父亲的工作—家庭冲突(增益)可以通过影响青少年的子女的家庭亲密度进而诱发(减少)青少年的网络成瘾现象。

(7)研究体现了明显的性别差异。首先,个体在工作—家庭关系的得分上也表现出了性别差异,其中男性报告了更多的工作—家庭冲突,而女性则比男性报告出更多工作—家庭增益。其次,丈夫的婚姻满意度受到妻子的影响比妻子受到丈夫的影响明显。最后,夫妻的观点采择能力的对象效应存在性别差异,丈夫观点采择能力对妻子工作—家庭冲突比妻子观点采择能力对丈夫的工作—家庭冲突影响力要大。在亲子关系的探讨中发现,父亲的工作对家庭的影响、对孩子的影响显著。

第 11 章　研究局限性和未来展望

11.1　研究局限性

（1）本研究的研究方法大都采用问卷法，虽然在数据收集上增加了夫妻匹配研究、夫妻子女匹配研究及纵向数据的收集等方法，但还是不能对变量之间的关系做出因果的推论。尤其在纵向数据的收集中，只设计了两个点的数据收集而且回收的被试样本量相对偏少，这也限制了结论的有效性。

（2）在研究工具中，本研究发现，工作—家庭增益问卷的信度指数偏低，"工作—家庭增益"这一概念在中国个体中有着更为丰富的意义。它包括家人对工作的认可，能为工作实际给家庭带来的提升和收益，但是目前的 4 个条目所测量出来的工作—家庭增益可能不能够反映中国员工对于工作—家庭增益的感知。

（3）在研究问题和设计上，本研究重点关注了家庭系统的互动，对组织层面的变量关注不够，而个体在家庭系统中所经历的事件同样可能对组织造成影响，同时考虑组织和家庭才能够对个体的工作和家庭有更全面的理解。

11.2 研究展望

针对以上所提出的研究的局限性，本研究认为，今后的研究还可以从以下四个方面进行完善。

首先，在研究设计上，应采取多点的纵向收集或者是反映更为敏感变化的日常追踪法，这样可以对研究变量之间的动态关系有更深入和丰富的反映。例如，本研究在揭示工作—家庭界面特征的动态变化的研究中，因只有两个点的数据收集，并且间隔时间只有三个月，所以对更准确的动态变化趋势不足以给出足够的信息参考。

其次，在研究工具的使用上，今后的研究应在对中国员工的工作—家庭关系的考察量表有更多的丰富和开发，尤其是中国员工的工作—家庭增益这一概念对中国员工心理结构的测量。在研究被试的选取上，由于抽样的限制，本研究的被试大都选取的是东南沿海地区的被试。而这些地区的经济和社会状况具有独特之处，和北方以及中原地区有所不同。今后的研究中应注意取样的多样性。对不同地区的被试给予更为全面的调查。

再次，在研究问题上，本研究的结果变量大都选择了直接的满意度考察，对于工作—家庭界面关系对满意度影响的中介变量的考察不足。在今后的研究中，应对结果变量有更多的丰富，也要在机制解释上更进一步。例如，对于工

第 11 章　研究局限性和未来展望

作和家庭之间的联通性的心理变量的选取和考察。

最后，在研究的视角上，本研究将重心落于工作对家庭系统的影响，而同时个体在家庭系统中所经历的事件和所累积的资源也会对个体的组织行为造成影响。在今后的研究中，要着力发现家庭基础性地位的资源的累积和变化对个体的工作及在工作领域的团体行为和人际行为造成怎样的影响。

参考文献

陈恒盼，2008. 核心自我评价与员工满意感、离职意向的关系研究：工作家庭促进的中介作用 [D]. 杭州：浙江大学．

陈玲丽，金盛华，刘文，2013. 个体主义——集体主义研究述评与展望 [J]. 社会经纬（1）：150-154.

陈振华，喻东山，彭昌孝，2005. 241 例婚姻满意度调查 [J]. 健康心理学杂志，8（2）：154-155.

程灶火，谭林湘，杨英，等，2004. 中国人婚姻质量问卷的编制和信效度分析 [J]. 中国临床心理学杂志，12（3）：226-230.

池丽萍，2005. 认知评价在婚姻冲突与青少年问题行为之间的作用：中介还是缓冲 [J]. 心理发展与教育，13（2）：30-35.

范为桥，张妙清，张建新，等，2011. 兼顾文化共通性与特殊性的人格研究：CPAI 及其跨文化应用 [J]. 心理学报，43（12）：1418-1429.

费力鹏，沈其杰，郑延平，等，1991. "家庭亲密度和适应性量表"和"家庭环境量表"的初步评价——正常家庭与精神分裂症家庭成员对照研究 [J]. 中国心理卫生杂志，5（5）：198-202.

高玉峰，彭志珍，邓大勇，2013. 核心家庭的网络成瘾青少年的家庭亲密度和适应性特点研究 [J]. 中国民康医学，25（14）：13-14.

胡宁，邓林园，张锦涛，等，2009. 家庭功能与青少年问题行为的追踪研究 [J]. 心理发展与教育（4）：93-100.

金家飞，徐珊，王艳霞，2014. 角色压力、工作家庭冲突和心理抑郁的中美比较——社会支持的调节作用 [J]. 心理学报，46（8）：1144-1160.

李贵卿，2014. 中国文化背景下工作—家庭氛围对工作—家庭冲突和满意感的研究 [J]. 当代财经，358（9）：64-74.

李静，2012. 处境与认知：不同社会阶层对贫富差距的归因倾向研究 [D]. 武汉：华中师范大学.

李永鑫，赵娜，2009. 工作—家庭支持的结构与测量及其调节作用 [J]. 心理学报，41（9）：863-874.

梁漱溟，2007. 中国文化的命运 [M]. 北京：中信出版社.

林忠，鞠蕾，陈丽，2013. 工作—家庭冲突研究与中国议题：视角、内容和设计. 管理世界（9）：154-171.

刘永强，赵曙明，2006. 工作—家庭冲突的影响因素及其组织行为后果的实证研究 [J]. 南京社会科学，（5）：1-9.

陆佳芳，2005. 工作—家庭冲突及其应对策略 [D]. 北京：中国科学院.

马红宇，申传刚，杨璟，等，2014. 边界弹性与工作—家庭冲突、增益的关系：基于人—环境匹配的视角 [J]. 心理学报，46（4）：540-551.

苏红，任孝鹏，2014. 个体主义的地区差异和代际变迁 [J]. 心理科学进展，22（6）：1006-1015.

唐汉瑛，马红宇，王斌，2007. 工作—家庭界面研究的新视角：工作家庭促进研究 [J]. 心理科学进展，15（5）：852-858.

陶艳兰，2011. 代际互惠还是福利不足？城市双职工家庭家务劳动中的代际交换与社会性别 [J]. 妇女研究论丛（106）：13-19.

田喜洲，谢晋宇. 积极心理学运动对组织行为学及人力资源管理的影响 [J]. 组织行为与人力资源管理，2011, 23（7）：95-100.

汪向东，王希林，马弘，1999. 心理卫生评定量表手册（增订版）[M]. 北京：中国心理卫生杂志.

王萍，2012. 美国工作伦理的演变研究 [D]. 南京：南京师范大学.

王永丽，叶敏，2011. 工作家庭平衡的结构验证及其因果分析 [J]. 组织行为与人力资源管理，23（11）：92-101.

王永丽，张智宇，何颖，2012. 工作—家庭支持对员工创造力的影响探讨 [J]. 心理学报，44（12）：1651-1662.

谢菊兰，马红宇，唐汉瑛，等，2015. 性别对工作→家庭冲突的影响机制：基于社会角色理论的实证分析 [J]. 心理科学，38（1）：191-195.

昝玲玲，刘炳伦，刘兆玺，2008. 中学生网络成瘾量表初步编制 [J]. 中国临床心理学杂志，16（2）：123-125.

张勉，李海，魏钧，等，2011. 交叉影响还是直接影响？工作—家庭冲突的影响机制 [J]. 心理学报，43：573-588.

张勉，魏钧，杨百寅，2009. 工作和家庭冲突的前因和后果变量：中国情景因素形成的差异 [J]. 管理工程学报，23（4）：79-84.

张珊珊，周明洁，陈爽，等，2012. 本土化人格特质与工作绩效的关系：线性与非线性 [J]. 心理科学，35（6）：1440-1444.

张志学，鞠冬，马力，2014. 组织行为学研究研究的现状：意义与建议 [J]. 心理学报，46（2）：265-284.

赵红艳，2009. "家"与中国传统"家文化"浅析 [J]. 文化研究（11）：243-244.

赵娜，李永鑫，2008. 冲突、平衡与促进：工作—家庭关系研究的历史考察 [J]. 心理科学，31（6）：1468-1470.

曾晖，赵黎明，2007. 组织行为学发展的新领域：积极组织行为学 [J]. 北京工商大学学报（社会科学版），22（3）：82-90.

ALLEN T D, CHO E, MEIER L L, 2014. Work-Family Boundary Dynamics [J]. Annual Review of Organizational Psychology and Organizational Behavior, 1（1）: 99-121.

ALLEN T D, HERST D E, BRUCK C S, et al., 2000. Consequences Associated with Work-To-Family Conflict : A Review and Agenda for Future Research [J]. Journal of Occupational Health Psychology, 5（2）: 278.

ALLEN T D, JOHNSON R C, SABOE K N, et al., 2012. Dispositional Variables and Work-Family Conflict : A Meta-Analysis [J]. Journal of Vocational Behavior, 80（1）: 17-26.

AMMONS S K, 2013. Work-Family Boundary Strategies : Stability and Alignment Between Preferred and Enacted Boundaries [J]. Journal of Vocational Behavior, 82（1）: 49-58.

AMSTAD F T, MEIER L L, FASEL U, et al., 2011. A Meta-Analysis of Work-Family Conflict and Various Outcomes with a Special Emphasis on Cross-Domain Versus Matching-Domain Relations [J]. Journal of Occupational Health Psychology, 16（2）: 151-169.

ARYEE S, FIELDS D, LUK V, 1999. A Cross-Cultural Test of a Model of the Work-Family Interface [J]. Journal of Management, 25（4）: 491-511.

ASHFORTH B E, KREINER G E, FUGATE M, 2000. All in a day's Work : Boundaries and Micro Role Transitions [J]. Academy of Management Review, 25（3）: 472-491.

BACHARACH S B, BAMBERGER P, CONLEY S, 1991. Work-Home Conflict Among Nurses and Engineers : Mediating the Impact of Role Stress on Burnout and Satisfaction at Work [J]. Journal of Organizational Behavior, 12（1）: 39-53.

BAKKER A B, SHIMAZU A, DEMEROUTI E, et al., 2011. Crossover of Work Engagement Among Japanese Couples : Perspective Taking by both Partners [J]. Journal of Occupational Health Psychology, 16（1）: 112-125.

BARNETT R C, HYDE J S, 2001. Women, Men, Work, and Family [J]. American Psychologist, 56（10）: 781.

BILLING T K, BHAGAT R, BABAKUS E, et al., 2013. Work-Family Conflict in Four National Contexts: A Closer Look at the Role of Individualism-Collectivism [J]. International Journal of Cross Cultural Management.

BINNEWIES C, SONNENTAG S, MOJZA E J, 2009. Feeling Recovered and Thinking About the Good Sides of One's Work [J]. Journal of Occupational Health Psychology, 14(3): 243.

BOYAR S L, MOSLEY Jr D C, 2007. The Relationship Between Core Self-Evaluations and Work and Family Satisfaction: The Mediating Role of Work-Family Conflict and Facilitation [J]. Journal of Vocational Behavior, 71(2): 265-281.

BU N, MCKEEN C A, 2000. Work and Family Expectations of the Future Managers and Professionals of Canada and China [J]. Journal of Managerial Psychology, 15(8): 771-794.

CAMPBELL N S, PERRY S J, MAERTZ C P, et al., 2013. All You Need is ... Resources: The Effects of Justice and Support on Burnout and Turnover [J]. Human Relations, 66(6): 759-782.

CARLSON D S, PERREWÉ P L, 1999. The Role of Social Support in the Stressor-Strain Relationship: An Examination of Work-Family Conflict [J]. Journal of Management, 25(4): 513-540.

CARLSON D S, GRZYWACZ J G, ZIVNUSKA S, 2009. Is work-family balance more than conflict and enrichment? [J] Human Relations, 62(10): 1459-1486.

CHEN S, WESTMAN M, EDEN D, 2010. Impact of Enhanced Resources on Anticipatory Stress and Adjustment to New Information Technology: A Field-Experimental Test of Conservation of Resources Theory [J]. Journal of Occupational Health Psychology, 14(3): 219-230.

CHEUNG F M, HALPERN D F, 2010. Women at the Top: Powerful Leaders Define Success as Work + Family in a Culture of Gender [J]. American Psychologist, 65(3): 182-193.

CHO E, TAY L, ALLEN T D, et al., 2013. Identification of a Dispositional Tendency to Experience Work-Family Spillover [J]. Journal of Vocational Behavior, 82(3): 188-198.

CLARK S C, 2000. Work/Family Border Theory: A New Theory of Work/Family Balance [J]. Human Relations, 53 (6): 747-770.

DEMEROUTI E, GEURTS S, 2004. Towards a Typology of Work-Home Interaction [J]. Community, Work, Family, 7 (3): 285-309.

DEMEROUTI E, BAKKER A B, BULTERS A J, 2004. The Loss Spiral of Work Pressure, Work-Home Interference and Exhaustion: Reciprocal Relations in a Three-Wave Study [J]. Journal of Vocational Behavior, 64 (1): 131-149.

DEMEROUTI E, BAKKER A B, VOYDANOFF P, 2010. Does Home Life Interfere with or Facilitate Job Performance? [J]. European Journal of Work and Organizational Psychology, 19(2): 128-149.

DUTTON J E, 2005. Positive Organizational Scholarship [J]. Emory University, 17 (1): 21-33.

EBY L T, MAHER C P, BUTTS M M, 2010. The Intersection of Work and Family Life: The Role of Affect [J]. Annual Review of Psychology, 61 (1): 599-622.

EDDLESTON K A, POWELL G N, 2012. Nurturing Entrepreneurs' Work-Family Balance: A Gendered Perspective [J]. Entrepreneurship Theory and Practice, 36 (3): 513-541.

EDWARDS J R, ROTHBARD N P, 2000. Mechanisms Linking Work and Family: Clarifying the Relationship Between Work and Family Constructs [J]. Academy of Management Review, 25 (1): 178-199.

FORD M T, HEINEN B A, LANGKAMER K L, 2007. Work and Family Satisfaction and Conflict: A Meta-Analysis of Cross-Domain Relations [J]. Journal of Applied Psychology, 92(1): 57-80.

FOX M L, DWYER D J, 1999. An Investigation of the Effects of Time and Involvement in the Relationship Between Stressors and Work-Family Conflict [J]. Journal of Occupational Health Psychology, 4 (2): 164.

FRONE M R, RUSSELL M, COOPER M L, 1992. Antecedents and Outcomes of Work-Family Conflict : Testing a Aodel of the Work-Family Interface [J]. Journal of Applied Psychology, 77（1）: 65.

FRONE M R, YARDLEY J K, MARKEL K S, 1997. Developing and Testing an Integrative Model of the Work-Family Interface [J]. Journal of Vocational Behavior, 50（2）: 145-167.

GALOVAN A M, FACKRELL T, BUSWELL L, et al., 2010. The Work-Family Interface in the United States and Singapore : Conflict Across Cultures [J]. Journal of Family Psychology, 24（5）: 646.

GRANDEY A A, CROPANZANO R, 1999. The Conservation of Resources Model Applied to Work-Family Conflict and Strain [J]. Journal of Vocational Behavior, 54（2）: 350-370.

GRANDEY A, CORDEIRO B, CROUTER A, 2005. A Longitudinal and Multi-Source Test of the Work-Family Conflict and Job Satisfaction Relationship [J]. Journal of Occupational and Organizational Psychology, 78（3）: 305-323.

GREENHAUS J H, ALLEN T D, 2011. Work-Family Balance : A Review and Extension of the Literature [J]. Handbook of Occupational Health Psychology（1）: 165-183.

GREENHAUS J H, BEUTELL N J, 1985. Sources of Conflict Between Work and Family Roles [J]. Academy of Management Review, 10（1）: 76-88.

GREENHAUS J H, POWELL G N, 2003. When Work and Family Collide : Deciding Between Competing Role Demands [J]. Organizational Behavior and Human Decision Processes, 90（2）: 291-303.

GREENHAUS J H, POWELL G N, 2006. When Work and Family are Allies : A Theory of Work-Family Enrichment [J]. Academy of Management Review, 31（1）: 72-92.

GREENHAUS J H, ALLEN T D, FOLEY S, 2006. Work-Family Balance : Exploration of a Concept [J]. In Families and Work Conference, Provo, UT.

GREENHAUS J H, ZIEGERT J C, ALLEN T D, 2012. When Family-Supportive Supervision Matters: Relations Between Multiple Sources of Support and Work-Family Balance [J]. Journal of Vocational Behavior, 80（2）: 266-275.

GRIGGS T L, CASPER W J, EBY L T, 2013. Work, Family and Community Support as Predictors of Work-Family Conflict: A Study of Low-Income Workers [J]. Journal of Vocational Behavior, 82（1）: 59-68.

GRZYWACZ J G, CARLSON D S, 2007. Conceptualizing Work-Family Balance: Implications for Practice and Research [J]. Advances in Developing Human Resources, 9（4）: 455-471.

GRZYWACZ J G, ALMEIDA D M, MCDONALD D A, 2002. Work-Family Spillover and Daily Reports of Work and Family Stress in the Adult Labor Force* [J]. Family Relations, 51（1）: 28-36.

HAKANEN J J, PEETERS M C, PERHONIEMI R, 2011. Enrichment processes and gain spirals at work and at home: A 3-year cross-lagged panel study [J]. Journal of Occupational and Organizational Psychology, 84（1）: 8-30.

HALBESLEBEN J R B, WHEELER A R, 2012. To Invest or Not? The Role of Coworker Support and Trust in Daily Reciprocal Gain Spirals of Helping Behavior [J]. Journal of Management, 41（6）: 1628-1650.

HALBESLEBEN J R B, NEVEU J P, PAUSTIAN-UNDERDAHL S C, et al., 2014. Getting to the "COR": Understanding the Role of Resources in Conservation of Resources Theory [J]. Journal of Management, 40（5）: 1334-1364.

HO M Y, CHEN X, CHEUNG F M, et al., 2013. A Dyadic Model of the Work-Family Interface: A Study of Dual-Earner Couples in China [J]. Journal of Occupational Health Psychology, 18（1）: 53-63.

HOBFOLL S E, 1989. Conservation of Resources: A New Attempt at Conceptualizing Stress [J]. American Psychologist, 44（3）: 513.

HOFSTEDE G, 2007. Asian Management in the 21st Century [J]. Asia Pacific Journal of Management, 24 (4): 411-420.

HUANG M H, CHENG Z H, 2012. The Effects of Inter-Role Conflicts on Turnover Intention Among Frontline Service Providers : Does Gender Matter? [J] The Service Industries Journal, 32 (3): 367-381.

HUNTER E M, PERRY S J, CARLSON D S, et al., 2010. Linking Team Resources to Work-Family Enrichment and Satisfaction [J]. Journal of Vocational Behavior, 77 (2): 304-312.

ILIES R, KEENEY J, SCOTT B A, 2011. Work-Family Interpersonal Capitalization : Sharing Positive Work Events at Home [J]. Organizational Behavior and Human Decision Processes, 114 (2): 115-126.

JIN J F, FORD M T, CHEN C C, 2013. Asymmetric Differences in Work-Family Spillover in North America and China : Results from Two Heterogeneous Samples [J]. Journal of Business Ethics, 113 (1): 1-14.

KARATEPE O M, KILIC H, 2007. Relationships of Supervisor Support and Conflicts in the Work-Family Interface with the Selected Job Outcomes of Frontline Employees [J]. Tourism Management, 28 (1): 238-252.

KIMMES J G, EDWARDS A B, WETCHLER J L, et al., 2014. Self and Other Ratings of Dyadic Empathy as Predictors of Relationship Satisfaction [J]. The American Journal of Family Therapy, 42 (5): 426-437.

KOSSEK E E, LAUTSCH B A, EATON S C, 2006. Telecommuting, Control, and Boundary Management : Correlates of Policy Use and Practice, Job Control, and Work-Family Effectiveness [J]. Journal of Vocational Behavior, 68 (2): 347-367.

KOSSEK E E, PICHLER S, BODNER T, et al., 2011. Workplace Social Support and Work-Family Conflict : A Meta-Analysis Clarifying the Influence of General and Work-Family-Specific Supervisor and Organizational Support [J]. Personnel Psychology, 64 (2): 289-313.

KREINER G E, 2006. Consequences of Work-Home Segmentation or Integration : A Person-Environment Fit Perspective [J]. Journal of Organizational Behavior, 27 (4): 485-507.

LACHMAN M E, JAMES J B, 1997. Multiple Paths of Midlife Development [M]. Chicago : University of Chicago Press.

LAU S, 1981. Utilitarianistic Familism : The Basis of Political Stability [J]. Social Life and Development in Hong Kong : 195-216.

LLORENS S, SCHAUFELI W, BAKKER A, et al., 2007. Does a Positive Gain Spiral of Resources, Efficacy Beliefs and Engagement Exist? [J]. Computers in Human Behavior, 23 (1): 825-841.

MARKUS H R, KITAYAMA S, 1991. Culture and the Self : Implications for Cognition, Emotion, and Motivation [J]. Psychological Review, 98 (2): 224.

MCMILLAN H S, MORRIS M L, ATCHLEY E K, 2011. Constructs of the Work/Life Interface: A Synthesis of the Literature and Introduction of the Concept of Work/Life Harmony [J]. Human Resource Development Review, 10 (1): 6-25.

MCNALL L A, MASUDA A D, NICKLIN J M, 2009. Flexible Work Arrangements, Job Satisfaction, and Turnover Intentions : The Mediating Role of Work-to-Family Enrichment [J]. The Journal of Psychology, 144 (1): 61-81.

MCNALL L A, NICKLIN J M, MASUDA A D, 2010. A Meta-Analytic Review of the Consequences Associated with Work-Family Enrichment [J]. Journal of Business and Psychology, 25 (3): 381-396.

MICHEL J S, KOTRBA L M, MITCHELSON J K, et al., 2011. Antecedents of Work-Family Conflict : A Meta-Analytic Review [J]. Journal of Organizational Behavior, 32 (5): 689-725.

MICHEL J S, MITCHELSON J K, KOTRBA L M, et al., 2009. A Comparative Test of Work-Family Conflict Models and Critical Examination of Work-Family Linkages [J]. Journal of Vocational Behavior, 74 (2): 199-218.

MICKEL A E, DALLIMORE E J, 2009. Life-Quality Decisions: Tension-Management Strategies Used by Individuals When Making Tradeoffs [J]. Human Relations, 62 (5): 627-668.

NG T W, FELDMAN D C, 2014. Embeddedness and Well-Being in the United States and Singapore: The Mediating Effects of Work-to-Family and Family-to-Work Conflict [J]. Journal of Occupational Health Psychology, 19 (3): 360-375.

NICKLIN J M, MCNALL L A, 2013. Work-Family Enrichment, Support, and Satisfaction: A Test of Mediation [J]. European Journal of Work and Organizational Psychology, 22 (1): 67-77.

NIPPERT-ENG C E, 2008. Home and Work: Negotiating Boundaries Through Everyday Life [M]. Chicago: University of Chicago Press.

NISBETT R E, PENG K, CHOI I, et al., 2001. Culture and Systems of Thought: Holistic Versus Analytic Cognition [J]. Psychological Review, 108: 291-310.

ODRISCOLL M P, BROUGH P, TIMMS C, et al., 2010. Engagement with Information and Communication Technology and Psychological Well-Being [J]. Research in Occupational Stress and Well-Being, 8: 269-316.

PARASURAMAN S, PUROHIT Y S, GODSHALK V M, et al., 1996. Work and Family Variables, Entrepreneurial Career Success, and Psychological Well-Being [J]. Journal of Vocational Behavior, 48 (3): 275-300.

PARK Y, FRITZ C, JEX S M, 2011. Relationships Between Work-Home Segmentation and Psychological Detachment from Work: The Role of Communication Technology Use at Home [J]. Journal of Occupational Health Psychology, 16 (4): 457.

PEETERS M C W, TEN BRUMMELHUIS L L, VAN STEENBERGEN E F, 2013. Consequences of Combining Work and Family Roles: A Closer Look at Cross-Domain Versus Within-Domain Relations [J]. New Frontiers in Work and Family Research. Hove, East Sussex: 93-109.

PÉLOQUIN K, LAFONTAINE M F, 2010. Measuring Empathy in Couples: Validity and Reliability of the Interpersonal Reactivity Index for Couples [J]. Journal of Personality Assessment, 92 (2): 146-157.

POWELL G N, GREENHAUS J H, 2010. Sex, Gender, and the Work-to-Family Interface: Exploring Negative and Positive Interdependencies [J]. Academy of Management Journal, 53(3): 513-534.

PRESCOTT R K, ROTHWELL W J, et al., 2012. Encyclopedia of Human Resource Management, Key Topics and Issues (Vol. 1) [M]. New York: John Wiley, Sons.

RALSTON D A, HOLT D H, TERPSTRA R H, et al., 2008. The Impact of National Culture and Economic Ideology on Managerial Work Values: A Study of the United States, Russia, Japan, and China [J]. Journal of International Business Studies, 39 (1): 8-26.

ROTHBARD N P, PHILLIPS K W, DUMAS T L, 2005. Managing Multiple Roles: Work-Family Policies and Individuals Desires for Segmentation [J]. Organization Science, 16 (3): 243-258.

SIEBER S D, 1974. Toward a Theory of role Accumulation [J]. American Sociological Review: 567-578.

SONNENTAG S, BAYER U V, 2005. Switching Off Mentally: Predictors and Consequences of Psychological Detachment From Work During Off-Job Time [J]. Journal of Occupational Health Psychology, 10 (4): 393-414.

SONNENTAG S, FRITZ C, 2007. The Recovery Experience Questionnaire: Development and validation of a measure for assessing recuperation and unwinding from work [J]. Journal of Occupational Health Psychology, 12 (3): 204-221.

SONNENTAG S, BINNEWIES C, MOJZA E J, 2008. "Did You Have a Nice Evening?" A Day-Level Study on Recovery Experiences, Sleep, and Affect [J]. Journal of Applied Psychology, 93 (3): 674-684.

SONNENTAG S, BINNEWIES C, MOJZA E J, 2010. Staying Well and Engaged When Demands are High: The Role of Psychological Detachment [J]. Journal of Applied Psychology, 95(5): 965-976.

SONNENTAG S, KUTTLER I, FRITZ C, 2010. Job Stressors, Emotional Exhaustion, and Need for Recovery: A Multi-Source Study on the Benefits of Psychological Detachment [J]. Journal of Vocational Behavior, 76(3): 355-365.

SONNENTAG S, MOJZA E J, BINNEWIES C, et al., 2008. Being Engaged at Work and Detached at Home: A Week-Level Study on Work Engagement, Psychological Detachment, and Affect [J]. Work, Stress, 22(3): 257-276.

SPECTOR P E, COOPER C L, POELMANS S, et al., 2004. A Cross-National Comparative Study of Work-Family Stressors, Working Hours, and Well-Being: China and Latin America Versus the Anglo World [J]. Personnel Psychology, 57(1): 119-142.

STEINMETZ H, FRESE M, SCHMIDT P, 2008. A Longitudinal Panel Study on Antecedents and Outcomes of Work-Home Interference [J]. Journal of Vocational Behavior, 73(2): 231-241.

TEMENT S, KORUNKA C, 2013. Does Trait Affectivity Predict Work-to-Family Conflict and Enrichment Beyond Job Characteristics? [J]. The Journal of Psychology, 147(2): 197-216.

TEN BRUMMELHUIS L L, BAKKER A B, 2012. A Resource Perspective on the Work-Home Interface: The Work-Home Resources Model [J]. American Psychologist, 67(7): 545-556.

VAN STEENBERGEN E F, KLUWER E S, KARNEY B R, 2014. Work-Family Enrichment, Work-Family Conflict, and Marital Satisfaction: A Dyadic Analysis [J]. Journal of Occupational Health Psychology, 19(2): 182-194.

WADSWORTH S M, HIBEL L, 2013. A Systems Perspective on Work and Family [M]. East Sussex: Psychology Press: 18-33.

WANG P, LAWLER J J, WALUMBWA F O, et al., 2004. Work-Family Conflict and Job Withdrawal Intentions: The Moderating Effect of Cultural Differences [J]. International Journal of Stress Management, 11(4): 392.

YANG B, ZHANG D, 2003. A Theoretical Comparison of US and Chinese Culture and Implications for Human Resource Theory and Practice [J]. International Journal of Human Resources Development and Management, 3(4): 338-358.

YANG N, CHEN C C, CHOI J, et al., 2000. Sources of Work-Family Conflict: A Sino-US Comparison of the Effects of Work and Family Demands [J]. Academy of Management Journal, 43(1): 113-123.

ZHANG M, FOLEY S, YANG B, 2013. Work-Family Conflict Among Chinese Married Couples: Testing Spillover and Crossover Effects [J]. The International Journal of Human Resource Management, 24(17): 3213-3231.

附 录

第一部分：研究中所使用到的问卷

1. 工作—家庭冲突（增益）问卷

下列条目描述的是您的工作和家庭之间相互干扰和促进的情况，根据您的实际感受，选择您认为最合适的选项，并在相应的选项上打"√"。

1—完全不符合　2—比较不符合　3—不确定　4—比较符合　5—完全符合					
1. 我的工作需要与家庭生活有冲突	1	2	3	4	5
2. 工作占用了我大量的时间，这让我很难尽到家庭的责任	1	2	3	4	5
3. 家中的很多事情没时间做，因为我工作上的事情太多了	1	2	3	4	5
4. 我很难履行好家庭职责，因为工作压力太大了	1	2	3	4	5

5. 因为工作上的事情,家庭计划经常要改动	1	2	3	4	5
6. 我的家庭需要与工作生活有冲突	1	2	3	4	5
7. 因为家庭事务占用我时间太多,工作上的事情总是要推迟	1	2	3	4	5
8. 因为家庭或配偶的原因,我工作上的事情总是不能很好地完成	1	2	3	4	5
9. 家庭生活影响了我的工作,如不能按时完成工作,拖延时间等	1	2	3	4	5
10. 家庭事务让我有很大压力,以致我难以全身心地投入工作	1	2	3	4	5
11. 我从事的工作有助于我处理家中的个人问题和实际问题	1	2	3	4	5
12. 我从事的工作使我在家里可以变成一个更加有趣的人	1	2	3	4	5
13. 白天工作顺利让我在家里更好地扮演伴侣这个角色	1	2	3	4	5
14. 我在工作中使用的技能在处理家庭事务时同样有效	1	2	3	4	5
15. 与家人谈心有助于我处理工作	1	2	3	4	5
16. 养家的责任让我更加努力地工作	1	2	3	4	5
17. 从家里获得爱与尊重让我在工作中感到更加自信	1	2	3	4	5
18. 我的家庭生活有助于我放松,并使我感觉到我已经为第二天的工作做好了准备	1	2	3	4	5

2. 观点采择能力问卷

下列条目描述的是您在日常生活中与配偶交往时的状况,请根据您的实际情况,在相应的选项上打"√"。

1—完全不符合　　2—不符合　　3—有点不符合　　4—不清楚　　5—有点符合　　6—符合　　7—完全符合

1. 在批评配偶之前,我会尽量想如果我是对方的话,我会有什么样的感受	1	2	3	4	5	6	7
2. 如果我确定自己的想法是正确的,我不会浪费时间去听取配偶的意见	1	2	3	4	5	6	7
3. 我会尽量通过想象配偶对这个问题的看法来更好地理解他(她)	1	2	3	4	5	6	7
4. 我认为婚姻关系中的问题都有两面性,并且努力从两方面来看待它们	1	2	3	4	5	6	7
5. 我发现有时候很难从配偶的立场看问题	1	2	3	4	5	6	7
6. 在我做出决定之前,我会尽量考虑配偶的不同意见	1	2	3	4	5	6	7
7. 当我对配偶不满时,我通常会站在配偶的立场考虑一下	1	2	3	4	5	6	7

3. 家庭—工作支持问卷

下面条目描述的是您的家人对您所做出的相应的支持情况。根据您的实际情况，选择您认为最合适的选项，并在相应的选项上"√"。

1—完全不符合　　2—比较不符合　　3—不确定　　4—比较符合　　5—完全符合					
1. 对我工作上的问题，家人经常提供不同的意见和看法	1	2	3	4	5
2. 当工作有烦恼时，家人总是能理解我的心情	1	2	3	4	5
3. 当工作上有困难时，家人总是和我一起分担	1	2	3	4	5
4. 当我工作很劳累时，家人总是鼓励我	1	2	3	4	5
5. 工作上遇到问题时，我总是会跟家人说	1	2	3	4	5
6. 当我某段时间工作很忙时，家人总是多做一些家务活	1	2	3	4	5
7. 工作之余，家人总能给我一些个人的空间	1	2	3	4	5
8. 工作上出现问题时，家人不会安慰我	1	2	3	4	5
9. 我与家人谈及有关工作上的事情时，我很舒服	1	2	3	4	5
10. 家人对我所做的工作不感兴趣	1	2	3	4	5

4. 工作满意度问卷

下列条目描述的一些关于工作的看法，请根据您的实际情况，在相应的选项上画"√"。

1—完全不符合　2—不符合　3—有点不符合　4—不清楚　5—有点符合　6—符合　7—完全符合

1. 总的来说，我对我的工作很满意	1	2	3	4	5	6	7
2. 大体来说，我喜欢现在的工作单位	1	2	3	4	5	6	7
3. 大体来说，我不喜欢我的工作	1	2	3	4	5	6	7

5. 家庭满意度问卷

下列条目描述的一些关于家庭的看法，请根据您的实际情况，在相应的选项上画"√"。

1—完全不符合　2—不符合　3—有点不符合　4—不清楚　5—有点符合　6—符合　7—完全符合

1. 总的来说，我对我的家庭生活很满意	1	2	3	4	5	6	7
2. 大体来说，我喜欢和家人及和家人的互动方式	1	2	3	4	5	6	7
3. 大体来说，我不满意我的家庭生活	1	2	3	4	5	6	7

6. 婚姻满意度问卷

下列条目描述的一些关于婚姻生活的看法，请根据您的实际情况，在相应的选项画"√"。

1—完全不符合　2—不符合　3—有点不符合　4—不清楚　5—有点符合　6—符合　7—完全符合

1 我不喜欢配偶的性格和个人习惯	1	2	3	4	5	6	7
2 我非常满意夫妻双方在婚姻中承担的责任	1	2	3	4	5	6	7
3 我不满意夫妻间的交流，我的配偶并不理解我	1	2	3	4	5	6	7
4 我非常满意我们做决定和解决冲突的方式	1	2	3	4	5	6	7
5 我不满意我们的经济地位和决定经济事务的方法	1	2	3	4	5	6	7
6 对于夫妻之间怎样表达感情，我很满意	1	2	3	4	5	6	7
7 对于承担做父母的责任分工上，我不满意	1	2	3	4	5	6	7
8 我非常满意我们的业余活动和夫妻一起度过的时间	1	2	3	4	5	6	7
9 我不满意我们与双方父母和朋友的关系	1	2	3	4	5	6	7

7. 家庭亲密度问卷

这里共有 30 个关于家庭关系和活动的问题，该问卷所指的家庭是指与您共同食宿的小家庭，请您按照目前家庭的实际情况来回答。回答时，请您在右侧的相应选项中画"√"。在答题时，请注意不要漏题。

0—完全不符合　　1—比较不符合　　2—不确定　　3—比较符合　　4—完全符合					
1. 在有难处的时候，家庭成员会尽最大努力相互支持	0	1	2	3	4
2. 在我们的家庭中，每个成员都可以随便发表自己的意见	0	1	2	3	4
3. 我们家的成员愿意与朋友商讨个人问题而不愿意与家人商讨	0	1	2	3	4
4. 每个家庭成员都参与做出重大决策	0	1	2	3	4
5. 所有家庭成员聚集在一起活动	0	1	2	3	4
6. 晚辈对长辈的教导可以发表自己的意见	0	1	2	3	4
7. 在家里，有事大家可以一起做	0	1	2	3	4
8. 家庭成员一起讨论问题，并对问题的解决感到满意	0	1	2	3	4
9. 家庭成员与朋友的关系比家庭成员之间的关系更密切	0	1	2	3	4
10. 在家庭中，我们轮流分担不同的家务	0	1	2	3	4
11. 家庭成员之间都熟悉每个成员的亲密朋友	0	1	2	3	4
12. 家庭状况有变化时，家庭平常的生活规律和家规很容易有相应的变化	0	1	2	3	4
13. 家庭成员自己要做决策时，喜欢与家人一起商量	0	1	2	3	4
14. 当家庭中出现矛盾时，成员间相互谦让以取得妥协	0	1	2	3	4
15. 在我们家，娱乐活动都是全家一起去做	0	1	2	3	4
16. 在解决问题时，孩子们的建议都能够被接受	0	1	2	3	4
17. 家庭成员之间的关系非常密切	0	1	2	3	4
18. 我们家的家教是合理的	0	1	2	3	4

19. 在家时，每个成员习惯单独活动	0	1	2	3	4
20. 我们家喜欢用新方法去解决遇到的问题	0	1	2	3	4
21. 家庭成员都能按照家庭所做的决定去做事	0	1	2	3	4
22. 在我们家，每个成员都分担家庭义务	0	1	2	3	4
23. 家庭成员喜欢在一起度过业余时间	0	1	2	3	4
24. 尽管家里有人有这样的想法，但家庭生活的规律和家规是难以被改变的	0	1	2	3	4
25. 家庭成员都很主动和家里人谈自己的心里话	0	1	2	3	4
26. 在家里，家庭成员可以随便提出自己的要求	0	1	2	3	4
27. 在家庭中，每个家庭成员的朋友都会受到极为热情的接待	0	1	2	3	4
28. 当家庭发生矛盾时，家庭成员会把自己的想法藏在心里	0	1	2	3	4
29. 在家里，我们更愿意分开做事，而不太愿意和全家人一起做	0	1	2	3	4
30. 家庭成员可以分享彼此的兴趣和爱好	0	1	2	3	4

8. 网络成瘾问卷

下列条目描述了一些网络使用的行为和感受，请根据自己的实际情况在符合您的选项中画"√"

	0—不是　　1—是		
1、我要花更多的时间上网才会觉得过瘾		0	1
2、我每次醒来，想到的第一件事就是上网		0	1
3、我下了网就会感到无聊		0	1
4、不能上网我就会坐立不安		0	1
5、我经常请假或者逃课去上网		0	1
6、为了上网，我常跟家里人吵架		0	1
7、因为上网，我跟大家来往少了		0	1
8、上网使我学习成绩下滑		0	1
9、为了上网，我经常不按时吃饭		0	1
10、我经常熬夜上网		0	1
11、上网使我好走神		0	1
12、上网使我记性变差了		0	1
13、我的零用钱差不多都用来上网了		0	1

第二部分 研究中的补充访谈提纲

1. 你是否感受到工作对家庭的侵扰比家庭对工作的负面影响大?

2. 你是否认为家人和家庭提供了足够的资源让你安心完成工作?家庭对工作的促进是否大于工作给予家庭的回报?

3. 你辛苦工作的原因是什么?

4. 目前的工作是否能够使你的家庭生活质量得到提升?你认为这对你安心工作是否有好处?

5. 家庭中的哪些事最有可能让你在工作中分心?